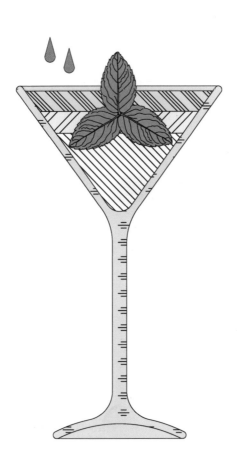

# VODKA

*Mezclar, agitar, remover*

La edición original de esta obra ha sido publicada en Reino Unido en 2019, por
Hardie Grant Books, sello editorial de Hardie Grant Publishing, con el título

*Vodka: Shake, Muddle, Stir*

Traducción del inglés
Gemma Fors

Copyright © de la edición original, Hardie Grant Books, 2019
Copyright © del texto, Dan Jones, 2019
Copyright © de las ilustraciones, Daniel Servansky, 2019
Copyright © de la edición española, Cinco Tintas, S.L., 2020
Diagonal, 402 – 08037 Barcelona
www.cincotintas.com

Primera edición: *abril de 2020*

Impreso en China
Depósito legal: B 26.980-2019
Código Thema: WBXD3

ISBN 978-84-16407-84-2

# VODKA

## *Mezclar, agitar, remover*

## *por Dan Jones*

**ILUSTRACIONES DE DANIEL SERVANSKY**

cincotintas

# CONTENIDOS

# Bienvenido a

# VODKA

*Mezclar, agitar, remover*

# TOMA TU MEDICINA

Hace siglos el vodka era una poción misteriosa que lo curaba todo. Recetada para bajar la fiebre, limpiar heridas, entrar en calor y remendar corazones rotos, su poder era inmenso. Europa del Este estaba cautivada por este licor transparente (del mismo modo que Inglaterra estaba enamorada de la ginebra), y casi hace caer a Rusia de rodillas cuando atrapó a muchos obreros con deudas de bar y horrorosas resacas. Entonces llegó la diáspora del vodka. Fabricantes como Pyotr Smirnov mostraron la bebida a intelectuales parisinos y a atrevidos bares norteamericanos, y enseguida el vodka ocupó su lugar sagrado en las cartas de cócteles de todo el mundo.

Este libro le enseñará a mezclarlo, a agitarlo, a removerlo y, sobre todo, a tomarlo. Una celebración de los mejores vodkas del mundo, con un poco de historia, marcas y mezclas internacionales, presentación de accesorios, utensilios y técnicas. Lo indispensable para que prepare los combinados más sublimes. Toda una colección de recetas, desde los clásicos que debe dominar, hasta sabores alternativos para experimentar. Quizá la ciencia de la destilación nos haya hecho menos supersticiosos sobre el poder del vodka, pero su magia nunca nos deja de maravillar.

**Dan Jones**

# LA MEJOR MEDICINA

Al parecer, nadie se pone de acuerdo sobre dónde nació realmente el vodka. ¿Rusia? ¿Polonia? ¿Suecia? Aparte del desacuerdo sobre su verdadera nacionalidad, una cosa está clara: la historia de Europa del Este está empapada del licor.

Casi todos coinciden en que el *aqua vitae*, aquella infernal poción tan popular en la Edad Media, inspiró la primera encarnación del vodka. Las rutas comerciales llevaron el aguardiente hacia el este, donde fue presentado a

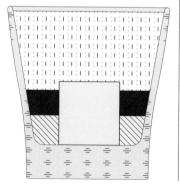

dignatarios polacos y príncipes rusos como potente energizante. De hecho, su uso medicinal permanece en el subconsciente de la Europa del Este: sigue considerándose un remedio universal que previene el resfriado, baja la fiebre y desinfecta heridas.

Muy pronto los licores caseros al estilo del *aqua vitae* gozaron de gran popularidad, y los productores comenzaron a intercambiar vino por patatas o cereales fermentados. Archivos del año 1400 sugieren que un monje del Kremlin moscovita creó una receta bastante acertada de vodka; muchas marcas polacas cuentan con siglos de historia, y el licor lleva elaborándose en Suecia desde finales del siglo XV. A partir del siglo XVI el vodka ya no se consideró una mera medicina, sino una bebida deliciosa que proporcionaba energía a la clase obrera. Entrando en el XVII, como la destilación por lotes permitía que el licor se hallara en mayor abundancia (si bien un poco turbio), en Rusia los dueños de las tabernas destilaban su propio vodka y lo servían a una sedienta clientela, que pronto quedó atrapada en deudas etílicas. La Iglesia y el Estado intentaron reducir la popularidad de esta bebida restringiendo su producción, hasta que el zar Alejandro III decidió mejorar el licor, poniendo remedio a las resacas y a las deudas de los más acérrimos fans de la bebida. El químico Dimitri Mendeleev se encargó de mejorar la receta y fijó el contenido de alcohol en el cuarenta por ciento. Para ello basó en volumen las cantidades de agua y alcohol empleadas, en lugar de en peso: una fórmula que otros países productores enseguida incorporaron. De hecho, el vodka

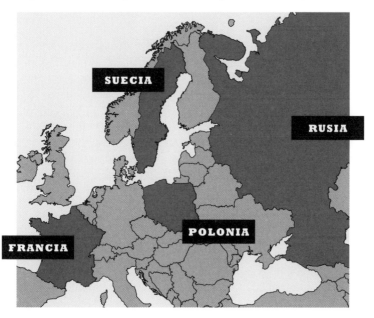

que hoy conocemos ha cambiado muy poco en los últimos 250 años, desde que Rusia descubrió que el carbón (en lugar del fieltro o la arena) podía utilizarse para purificar el licor. Esto, más las adaptaciones de Mendeleev, dio paso a la creación de una bebida transparente y potente.

La sofisticada reputación internacional del vodka se remonta hasta justo después de la Revolución rusa de 1917, cuando Lenin acabó con la producción privada del licor, clausuró destilerías y echó del país a los fabricantes de vodka. Uno de ellos, Pyotr Smirnov, se trasladó a París. Allí reformuló su marca, se cambió el nombre por Pierre Smirnoff y presentó a los parisinos este nuevo y vigoroso líquido. Surgieron más marcas en las décadas de 1930 y 1940, y surgieron combinados como el Moscow Mule y el Bloody Mary. De esta manera el vodka se convirtió en una bebida de primera categoría. En total, tomamos más de 4,4 mil millones de litros de vodka al año, añadiendo así un toque de energía

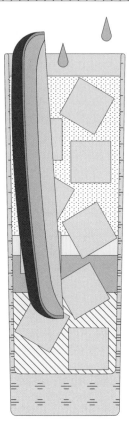

transparente y suave a nuestra bebida preferida; además, nos ayuda en situaciones sociales incómodas, y quizá nos anime con algo más que un puntillo. El vodka siempre ha sido la mejor medicina.

# LA CIENCIA DEL VODKA

En el mundo del vodka, puro significa perfecto. Los principales fabricantes mundiales se basan en la idea de un licor, claro y fresco, obtenido a través de toda suerte de sofisticados sistemas de filtración (con carbón, granates, cuarzo, incluso diamantes), de múltiples destilaciones, o del uso de aguas glaciales tan poco comunes cual lágrimas de unicornio. Pero cuanto más se filtra, destila y disuelve un producto, menos sabor suele tener, por lo que es preciso dar con el equilibrio perfecto.

El componente más importante del vodka, el etanol, se obtiene desde hace miles de años de la levadura y del azúcar de frutas o cereales, que fermentan hasta formar una sustancia turbia. Y es precisamente esta sustancia la que confiere al vodka su gusto tan peculiar. Un estricto proceso de destilación aseguraría sin duda una bebida más pura y suave, pero ¿cómo conseguir un licor que tenga la proporción perfecta de pureza y sabor? Ahí entra la magia: el proceso secreto de destilación de los productores de vodka, desarrollado a lo largo de siglos, garantiza que cada botella sea lo más pura sin perder esas sabrosas impurezas.

Afortunadamente, las moléculas de sabor son resistentes y cuesta eliminarlas del todo, pero el licor resultante –tras la destilación– generalmente posee un sabor limpio, claro y casi neutro. Por esa razón el vodka es tan versátil: puede acentuar la delicadeza de otros licores, o la intensidad del zumo de lima o el regusto a tierra del café, del mismo modo que la sal potencia el sabor de los alimentos.

# *Los mejores vodkas del mundo*

**PROBADO Y COMPROBADO: DESDE LOS MÁS FINOS, BRILLANTES Y LIMPIOS DE PRIMERA MARCA, PERFECTOS PARA MEZCLAR, HASTA LOS QUE SE TOMAN SOLOS, PASANDO POR GRAN VARIEDAD DE ATREVIDOS SABORES, LLEGADOS DE TODOS LOS LUGARES DEL PLANETA.**

# PARA LOS MÁS CLÁSICOS

### STOLICHNAYA

Esta bomba creada a partir de trigo letón se mezcla con agua glaciar, se filtra con carbón y se destila cuatro veces –contadas–, para conseguir un producto suave como el terciopelo con un ligero toque de pimienta y mantecoso. El Stolichnaya original de etiqueta roja es perfecto, pero sus finas versiones aromatizadas son un deleite: las clásicas Razberi y Blueberi, y la premium Elit.

# PARA TOMAR SOLO

### ABSOLUT ELYX

El galardonado Elyx es un vodka de la marca sueca Absolut elaborado a mano, en pequeños lotes premium, destilado en alambiques de cobre 19212 *vintage*, con trigo del estado sueco de Råbelöf. El esfuerzo –extraordinario para una megamarca de vodka– vale la pena, porque Elyx posee un sabor rico e intenso, y una textura suave y delicada. La marca Absolut elabora vodkas desde 1877, y sus versiones aromatizadas, desde Citron a Mandarin, están perfectamente equilibradas y están increíbles con tónica o soda.

# PARA LA HORA DEL TÉ

### CHASE MARMALADE

Chase es una marca británica de vodka y ginebra artesanales que se elaboran a partir de patata (y ocasionalmente manzana). Para la destilación en alambiques de cobre, emplean mermelada de naranja amarga, que le proporciona un toque cítrico y un sutil sabor agridulce increíblemente apetecible. Chase Farm pertenece a la industria del cultivo de patata desde hace más de 20 años, y su gama de vodkas aromatizados es absolutamente peculiar.

# PARA DEVOTOS DEL ENELDO

### GUSTAV DILL VODKA

Durante más de 165 años los artesanos de la destilería finlandesa Gustav han elaborado una serie limitada de licores, ginebras y vodkas repetidamente galardonados, mediante extractos naturales de cultivo ecológico y sostenible en el Ártico. Esta deliciosa versión con base de vodka y arándanos se elabora a partir de trigo, que pasa por alambiques aromatizados que le confieren esa nota de eneldo. Bastante seco pero con un sutil especiado, no es de extrañar que el Gustav Dill haya sido premiado. Es uno de los mejores licores para preparar un vodka-tonic.

# PARA NOCTÁMBULOS

### CÎROC

El recién llegado Cîroc es una marca joven francesa que fabrica a partir de uvas Gaillac y Cognac, cosechadas cuando se hielan y luego fermentadas en frío para obtener un vino (es cosa de franceses) que se destila no menos de cinco veces. Por su extraordinario proceso de producción (y pesada botella), el Cîroc se considera una bebida de máxima calidad disponible en los mejores locales nocturnos del mundo. Posee un sutil ardor y un dulce regusto a uva.

# PARA ENTERADOS

### GREY GOOSE

Es bien merecida la reputación elitista del Goose, que desde los 90 aparece en las cartas de los locales más refinados. Este vodka francés, con una base de cereales mezclados con agua de manantial (filtrada de forma natural entre rocas calizas de Champagne), presenta notas de carbón, pimienta y regaliz. En 1998 el Grey Goose fue nombrado el vodka de mejor sabor por el Beverage Tasting Institute (Instituto de Degustación de Bebidas), y la marca siempre ha ido a mejor. Es fino, delicado e increíblemente suave, cualidades que se potencian si se sirve directo del congelador. Cremoso a más no poder.

# PARA AFICIONADOS AL CUERO

### TOM OF FINLAND VODKA

La marca danesa de bebidas alcohólicas artesanales, One Eyed Spirits, es bien conocida por sus invenciones chocantes. Y su vodka no es una excepción: celebra la vida y el arte de Touko Laaksonen, conocido como Tom de Finlandia, con un licor refinado de trigo y centeno ecológicos mezclados con agua de manantial ártico. Las icónicas obras de Laaksonen, arte homoerótico con fornidos motoristas de mandíbulas cuadradas y partes bajas abultadas, han influido en el estilo, la cultura y el erotismo contemporáneos, y ahora también en la bebida. Este licor, cuya botella exhibe la obra de este autor, es tan sedoso como un suspensorio de piel, y sabe de primera.

# PARA AMANTES DE LO ARTESANO

### SMIRNOFF BLACK LABEL

El viejo fabricante de vodka Smirnoff es una de las marcas más populares y conocidas, y su clásica etiqueta roja define un trago fácil y económico. Pero Smirnoff Black Label es otra cosa: un vodka de calidad algo especial, destilado en cobre y filtrado a través de siete toneladas de carbón de abedul siberiano, sigue un proceso de producción artesanal diseñado para crear el vodka más delicado del planeta. Suave y dúctil.

# PARA ASPIRANTES A LA REALEZA

### ZUBROWKA

Es el rey de los vodkas polacos, aromatizado con una clase especial de hierba del bisonte que crece silvestre en los bosques de Bialowieza y se cosecha a mano. Con una base de centeno, el Zubrowka posee un sabor vegetal y cremoso con un moderado ardor y, aunque está delicioso solo con hielo, queda fenomenal en un cóctel de dos o tres ingredientes o combinado con una bebida de calidad, especialmente zumo de manzana o cerveza de jengibre.

# PARA AMANTES DE LAS OVEJAS

### HARTSHORN DISTILLERY SHEEP WHEY

El joven demonio de Tasmania Ryan Hartshorn es justo lo que la industria del vodka necesita: un apuesto provocador decidido a experimentar. Su Sheep Whey es precisamente eso, una obra de amor elaborada con un subproducto de la empresa quesera familiar, el suero de leche, para dar paso a un vodka acaramelado y afrutado, coronado en los Premios Mundiales del Vodka 2018.

# Utensilios básicos

DICEN QUE UN BUEN ARTESANO SE MIDE POR LA CALIDAD DE SUS HERRAMIENTAS. SAQUE BRILLO A SUS PROPIOS ARTILUGIOS DE BAR.

# UTENSILIOS IMPRESIONANTES

Invierta en su bar particular con una gama de utensilios de coctelería impresionantes. Empiece con lo básico: una coctelera, un medidor, un majadero, una cuchara coctelera, un colador, una cubitera y vodka de calidad en abundancia. Le bastará esto para un enfoque minimalista:

## MEDIDOR

Una herramienta básica.
Proporciona la medida estándar
para los licores y está disponible en
diversos tamaños. Los metálicos son
vistosos, pero los de plástico o vidrio
sirven igual. Si no dispone de
medidor ni de vasos de chupito,
utilice una huevera; así las
proporciones serán adecuadas,
aunque las dosis resulten algo
generosas. Si no, cruce los dedos y
hágalo a ojo.

2 oz (60 ml)

1.5 oz (44 ml)

# VASO MEZCLADOR

Se trata de un sencillo vaso, resistente, recto (también conocido como vaso Boston), o un vaso de cerveza liso y de boca más ancha, para cócteles que deben mezclarse con cuchara en lugar de agitarlos en la coctelera. El vaso mezclador proporciona más volumen cuando se adapta al vaso de la coctelera para poder preparar dos bebidas a la vez. Las dos partes quedan unidas y se agita hasta que se enfría la bebida. Luego se puede utilizar el colador de gusanillo (véase la página siguiente) para pasar la mezcla a una copa limpia.

# COCTELERA

También denominada coctelera Boston, es la varita mágica del barman, la pieza más importante del conjunto: pocos cócteles son posibles sin ella. El modelo metálico clásico consta de tres partes principales: una base, denominada vaso (recipiente alto, de base más estrecha), y una tapa bien ajustada en forma de embudo con colador incorporado donde se encaja un pequeño tapón (que también hace las veces de medidor). Es un accesorio brillantemente simple y muy útil, como las mejores herramientas, y vale la pena mantenerla siempre escrupulosamente limpia. Si no dispone de coctelera, utilice un tarro grande de cristal con tapa hermética.

# COLADOR DE GUSANILLO

Este colador de aspecto exótico, rodeado con un muelle, resulta útil cuando la versión que incorpora la coctelera no es la adecuada. Se coloca sobre una copa y sobre él se echa el cóctel, o se cubre con él el vaso de la coctelera o el medidor para verter su contenido desde cierta altura. Lávelo después de su uso, especialmente si usa nata. Si no dispone de uno, utilice un colador para té; sirve igual, aunque el de gusanillo da más el pego.

# BATIDORA

Esencial para recetas con fruta. Dado que la mayoría de batidoras domésticas presentan dificultades con el hielo, es mejor utilizar hielo picado cuando la receta lo requiera, en lugar de cubitos. Añada primero los ingredientes y luego el hielo, y empiece con una velocidad lenta antes de subirla al máximo. No es necesario colar una vez se consigue la consistencia suave: se vierte directamente en la copa y se sirve.

# CUCHILLO Y TABLA DE CORTAR

Sencillo, pero esencial. Mantenga la tabla limpia y el cuchillo bien afilado. Practique sus habilidades para pelar: el objetivo consiste en esquivar al máximo la piel blanca para utilizar solo la piel más exterior, rica en aceites aromáticos.

# CUBITERA

El elemento central del bar doméstico; simple, funcional, tanto de aire retro como acrílica y en forma de piña. Una cubitera aislante consigue que los cubitos se mantengan enteros más tiempo, y un juego de buenas pinzas aporta elegancia al conjunto.

# UTENSILIOS ADICIONALES

## PUNZÓN

Compre bolsas de hielo picado o cubitos (siempre compre el doble o el triple de la cantidad que precise), o golpee una barra de hielo casera con un punzón. Hierva agua, deje que se temple un poco y viértala en un recipiente de helado vacío. Congélelo, vuelque el contenido sobre un trapo de cocina limpio y ataque el bloque según sea menester. El hielo saltará por doquier, pero persista. Los trozos grandes con picos le servirán para bebidas espectaculares.

## EXPRIMIDOR DE CÍTRICOS

Siempre, siempre, siempre utilice zumo natural de cítricos. Jamás escatime en este aspecto de la mixología. Si no dispone de exprimidor, utilice las manos. Haga rodar la fruta presionándola sobre una superficie dura, pártala por la mitad y exprímala utilizando los dedos para colar las pepitas al hacerlo.

## PAJITAS, SOMBRILLAS Y MONOS DE PLÁSTICO

Un reto. Crear cócteles asombrosos a todas luces significa que por sí mismos ya deben ofrecer aspecto y sabor extraordinarios. Sin sombrillitas, monos de plástico, cubitos iluminados con LED ni pajitas que uno puede ponerse a modo de gafas. Dicho lo cual, resulta agradable añadir algún adorno a la bebida. Disponga siempre de pajitas en el mueble bar –las de papel a

forma de gota de agua en el otro, que se emplea para remover y medir ingredientes. No es imprescindible, pero queda bastante guay.

## ACANALADOR

Una herramienta sofisticada. Este cuchillo dispone de una cuchilla especial para cortar espirales de piel de cítricos, vaciar melones y probablemente muchos otros usos artísticos.

## PALILLO DE CÓCTEL

Para pinchar cerezas, pieles de cítricos, rodajas de fruta, aceitunas, tajadas de cebolla, pepinillos. Incluso salchichas.

## AGITADOR

Más que un accesorio de coctelería en sí, el agitador permite al bebedor gobernar su bebida y mezclarla al degustarla. Ideal para combinados con fruta u otras guarniciones, o para invitados nerviosos que necesitan algo entre los dedos.

rayas rojas y blancas resultan llamativas– y algún que otro mono de plástico no hace daño a nadie. Guarde las pajitas más descaradas para ocasiones realmente especiales, como una fiesta de 80 cumpleaños.

## CUCHARA COCTELERA

La clásica es de mango largo y en espiral (o recto), acabado plano en un extremo y con una cuchara en

# Copas
# y vasos

OLVÍDESE DE LA CRISTALERÍA DE DIARIO PARA
SERVIR SUS BEBIDAS. EL BARMAN DOMÉSTICO
DEBE OFRECER CON ORGULLO LOS CÓCTELES
QUE PRESENTA E INVERTIR EN COPAS,
VASOS Y VASITOS DE CATEGORÍA.

# POMPADOUR

La copa corta, en forma de seno, perfecta para champán y vinos espumosos, al mismo tiempo que resulta indicada como alternativa a la copa Martini o de cóctel. Los modelos vintage valen la pena. (**Fig. 1**)

# COPA MARTINI

La copa más simbólica de la cultura del cóctel. Su refinado pie y copa cónica forman un recipiente grande y poco hondo. También llamada copa de cóctel, pierde la habilidad de mantener su contenido a medida que avanza la velada. (**Fig. 2**)

# TAZA DE COBRE [VASO JULEP]

Emblemática taza, de cobre o acero, empleada para servir el Moscow Mule o el Mojito. Repleta de hielo, forma una condensación muy refrescante.

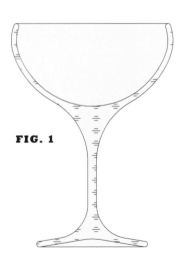

**FIG. 1**

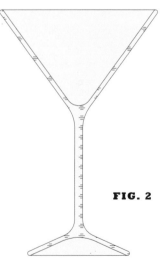

**FIG. 2**

## VASO BOSTON

El hermano gemelo del vaso cervecero, con el que fueron cambiados al nacer. Ideal para mezclar en él combinados o prepararlos uniéndolo a la tapa de la coctelera. (**Fig. 3**)

## VASO DE CHUPITO

O vaso tequilero. Corto y simple. Verter, tomar, golpear la mesa. Fin. Puede usarse como medidor.

## VASO LARGO

Ostensiblemente alto, con un fondo grueso y resistente, capaz de contener 225-350 ml de combinado. También conocido como highball. (**Fig. 4**)

## VASO CORTO

Vaso corto de lados rectos, perfecto para bebidas de un solo trago. Es mejor elegir un modelo con base pesada. También conocido como old fashioned. (**Fig. 5**)

**FIG. 4**

**FIG. 3**

**FIG. 5**

# VASO COLLINS

Es la versión delgada del vaso largo, normalmente de lados rectos. (**Fig. 6**)

# TARRO DE MERMELADA

No hay reglas para servir los combinados ni acerca de los recipientes en los que hacerlo. Puede recurrir a diversidad de alternativas para sorprender a sus invitados: tarros de mermelada, tacitas de té, probetas o matraces de laboratorio, tazas de té rusas, incluso zapatos. (**Fig. 7**)

# FLAUTA

La copa de forma aflautada utilizada para cócteles de champán, el Bellini y la Mimosa. (**Fig. 8**)

**FIG. 6**

**FIG. 8**

**FIG. 7**

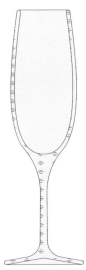

# Trucos
# de experto

**DOMINE ESTAS SIMPLES NORMAS: EL SECRETO ESTÁ EN LOS GIROS DE MUÑECA.**

# CÓMO SE HACE

## CÓMO AGITAR

Es el eterno debate en el mundo de la coctelería. ¿Cuánto tiempo hay que agitar el combinado para que salga perfecto? No existe acuerdo. Hay quien dice que 15 segundos, otros afirman que menos. Aquí nos la jugamos y apostamos por 7 segundos cortos y vigorosos. Más tiempo podría diluir demasiado la mezcla y afectar su potencia. Aparte de esto, nada de voltear botellas ni encender bengalas, aunque unos malabares con limones y limas no estarán de más.

## CÓMO MEZCLAR

Saque la cuchara y el vaso mezclador y remueva las bebidas con suavidad y destreza junto con hielo para enfriar el combinado. Cuando se forme condensación en el exterior del vaso, estará listo.

## CÓMO REFRIGERAR

Si dispone de espacio, reserve un cajón en el congelador para guardar las copas, o llénelas de cubitos para que se enfríen y deséchelos después.

## POTENCIA

Todos los cócteles son potentes, pero algunos más que otros. Cada bebida debe procurar alcanzar un equilibrio de sabores y puede proponerse diversos niveles de intensidad, pero no debería emborrachar (al menos no por sí sola). Respetar las medidas es muy importante.

## PRESENTACIÓN

Las guarniciones frescas, las copas limpísimas, los cubitos de agua mineral y un equilibrio perfecto de colores y texturas son esenciales.

## AROMAS

La bebida debe oler genial, no solo saber bien. Esto se consigue con bíteres, zumos naturales y pieles de cítricos ricas en aceites fragantes.

# CREAR EL FONDO DE BAR

Aparte de una colección con los mejores vodkas del mundo –del Absolut Extrakt al Stolichnaya– y sus infusiones caseras, cree el fondo de bar con unos cuantos licores fuertes, limpios y clásicos, alguna compra especial y unas cuantas rarezas. En función de su presupuesto, no hace falta que haga acopio de licores añejos para los cócteles –sus cualidades más sutiles se pierden al mezclarlos– pero hay que invertir en productos de calidad.

## VODKA

Invierta en uno de calidad como el Absolut o el Stolichnaya como base para sus combinados. En las páginas 12-17 hallará los vodkas más asombrosos.

## SIROPE

Ingrediente esencial en coctelería. El sirope sencillo, básico o de azúcar, es azúcar líquido y, mezclado a partes iguales con zumo de cítricos, aporta una agradable nota agridulce al combinado. Adquiera una versión de sirope sencillo (Monin es buena marca) o elabórelo usted mismo (página 37).

## BÍTERES

El amargo de Angostura (venezolano a través de Trinidad y Tobago) es un elemento esencial del bar. Se dice que quita el hipo, y esta tintura, en parte herbal y en parte alcohólica, es muy aromática y confiere a los cócteles profundidad y complejidad de sabor, y colorea de un sutil tono

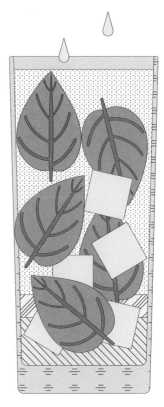

rosado los licores blancos. La marca de jarabes y bíteres Fee Brothers (fundada en 1863) es un buen comienzo: sus bíteres envejecidos en barricas de whisky, de ruibarbo y ciruela en especial, son deliciosos.

## GINEBRA

La ginebra, gin o «fogonazo», como quiera llamarle, ha evolucionado mucho desde sus inicios como bebida demoníaca de los bajos fondos londinenses. Las ginebras artesanales de calidad han elevado el nivel de este licor hasta sublimarlo. ¿La estrella de las ginebras en este momento? The Botanist, escocesa y artesana.

## CAMPARI Y APEROL

Licores rojos, intensos y amargos que ensalzan cócteles como el Nuevo Clásico Spritz y forman la base del Negroni y el Americano, capaces de cambiarle la vida a cualquiera al combinarlos con soda y vino espumoso.

## TEQUILA

Licor de agave que funde los sesos. Sin envejecer (o envejecido un máximo de 60 días en recipientes de acero), el blanco o plata es un elemento esencial del bar. El tequila joven u oro es dulce y suave, con el color y el sabor del caramelo. El reposado, envejecido en barricas forradas de madera, aporta un trasfondo ahumado a sus combinados.

## VERMUT

Licor de vino fortificado con ingredientes botánicos, en versión dulce o seca. Disponga de ambas, refrigeradas una vez abiertas.

## OTROS

Casi nadie emplea ya refresco de cola para sus combinados. (Aunque está permitido un chorrito para el Té Helado de Long Island.) Pero parece que el vodka con cola es una bebida que nunca morirá. Disponga de una lata a mano y tenga ginger-ale o cerveza de jengibre, agua con gas, prosecco, cava o champán, y zumos naturales de cítricos, agua de coco y –siempre– una montaña de hielo.

## RON

Blanco, dorado, especiado: el licor de melazas o caña de azúcar es la bebida de los antiguos lobos de mar. Envejecido en barricas de roble, su sabor a madera le hará salir pelo en el pecho.

## WHISKY

Para los cócteles, opte por un bourbon fuerte en lugar de un whisky de malta envejecido. Monkey Shoulder, Knob Creek y Bullet son buenos candidatos.

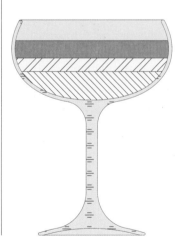

# Infusiones, siropes, salmueras y sours

**EL VODKA ADMITE TODA CLASE DE AROMAS, Y ADEMÁS ES UN LICOR IMPRESCINDIBLE PARA TOMAR SOLO O PARA MEZCLAR. ELABORE SUS PROPIAS CREACIONES O SIGA ESTAS DELICIOSAS RECETAS.**

# INFUSIONES

## VODKA ESPECIADO

### INGREDIENTES

1 vaina de vainilla
500 ml de un buen vodka
unas cuantas vainas de
cardamomo
4-5 clavos de olor
1 ramita de canela
un trozo de 15 cm de piel de
naranja (sin nada de piel blanca)
1 palito de regaliz
un trozo de jengibre pelado del
tamaño de un pulgar

**ELABORACIÓN** Corte la
vaina de vainilla a lo largo antes de
añadirla al vodka y aplaste
ligeramente las vainas de
cardamomo para que se abran y
salgan las semillas. Los clavos y la
canela aportan una nota cálida y
exótica, y el aroma de piel de
naranja es vigorizante (aunque hay
que usarlo con moderación, por su
sabor amargo, y asegurarse de

quitar toda la piel blanca). El
regaliz proporciona dulzor, y el
jengibre una nota fresca. Deje
reposar la mezcla en una botella
esterilizada (o la propia botella de
vodka, parcialmente vaciada).
Guarde la botella en un lugar
oscuro y fresco durante 2 días, o
más, si desea un sabor más fuerte.
Cuele el vodka antes de servirlo.

## VODKA AL JENGIBRE

### INGREDIENTES

un trozo de jengibre pelado del
tamaño de un pulgar
zumo de ½ limón
1 cucharada de azúcar mascabado
500 ml de buen vodka

### ELABORACIÓN

Deje reposar los ingredientes en
el vodka durante 3 días como
mínimo en un lugar fresco y
oscuro. Cuélelo y refrigérelo.
Tómelo cuando le apetezca.

# VODKA CON PIMIENTA Y MIEL

## INGREDIENTES

1 cucharada de pimienta negra
recién molida
2 cucharadas de miel líquida
500 ml de buen vodka

**ELABORACIÓN** Meta los
ingredientes en el vodka y déjelo
reposar en un lugar oscuro y fresco
durante al menos 2 días, o más, si
desea un sabor más fuerte. Cuele el
líquido o, si lo prefiere, déjelo tal
cual con la pimienta.

# VODKA AL ANÍS ESTRELLADO

## INGREDIENTES

1-2 vainas de anís estrellado
1 ramita de canela
1 cucharada de azúcar moreno
500 ml de buen vodka

## ELABORACIÓN

Meta los ingredientes en el vodka y
déjelo reposar en un lugar oscuro y
fresco durante al menos 3 días,
antes de colarlo y servirlo.

# VODKA AL LAUREL

## INGREDIENTES

2-3 hojas de laurel fresco
500 ml de buen vodka

## ELABORACIÓN

Meta las hojas de laurel en el
vodka y déjelo reposar en un
lugar oscuro y fresco durante al
menos 3 días, antes de colarlo y
servirlo.

# VODKA AL CAFÉ CON CANELA

## INGREDIENTES

500 ml de buen vodka
2 ramitas de canela
2 cafés expresos, enfriados
1 cucharada de azúcar
mascabado

**ELABORACIÓN** Meta los
ingredientes en el vodka y déjelo
reposar en un lugar oscuro y
fresco durante al menos 2 días,
o más, si desea un sabor más
intenso. Es ideal para preparar
un Martini Espresso o para
tomar tal cual.

# SIROPES

Lo dulce. Un toque de sirope puede transformar su bebida y convertir el aguardiente más duro en un refresco, eliminando el punto ácido del cítrico y suavizando el sabor del licor más amargo. Los siropes aromatizados añaden un nivel de complejidad que no se consigue con ingredientes frescos. Y prepararlos es facilísimo: empiece con la receta básica de sirope, pase a las infusiones de sabor y luego improvise sus propias creaciones. Puede comprar el sirope, pero no es necesario. Hacerlo es muy sencillo.

Aunque no es imprescindible usar azúcar sin refinar, es más sabroso, no tiene sustancias químicas y además, en este tipo de recetas, ofrece una textura irregular que solo se consigue con productos caseros.

## SIROPE BÁSICO

Da para unos 15 usos

### INGREDIENTES

200 ml de agua
100 g de azúcar demerara, de caña o granulado
1 cucharada de jarabe de maíz o de jarabe de azúcar invertido (opcional)

**UTENSILIOS** Cazo antiadherente, cuchara de madera, tarro de cristal con cierre hermético de 200 ml, o botella de cristal con tapón, y embudo.

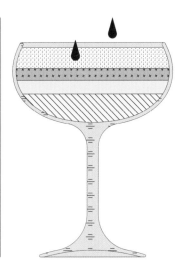

**ELABORACIÓN** Hierva el agua y vierta el azúcar poco a poco. Reduzca el fuego y remueva sin parar durante 3-5 minutos, hasta que el azúcar quede disuelto y el sirope se aclare. Apague el fuego y deje enfriar. Mientras está líquido, páselo con el embudo al tarro o a la botella de cristal esterilizados. Cuando se haya enfriado, pruebe a añadir una cucharada de jarabe de maíz: suavizará la textura del sirope. Puede conservarlo en nevera hasta 6 semanas.

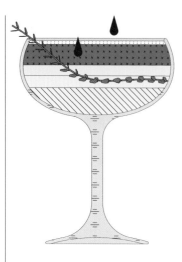

# SIROPE DE CEREZA Y TOMILLO

Da para unos 15 usos

## INGREDIENTES

200 ml de agua
100 g de azúcar demerara, de caña o granulado
un puñado de cerezas maduras, sin hueso
una rama grande de tomillo fresco
1 cucharada de jarabe de maíz o de jarabe de azúcar invertido (opcional)

**UTENSILIOS** Cazo antiadherente, cuchara de madera, tarro de cristal con cierre hermético de 200 ml, o botella de cristal con tapón, y embudo.

**ELABORACIÓN** Hierva el agua y vierta lentamente el azúcar, las cerezas y el tomillo. Reduzca el fuego y remueva sin parar durante 3-5 minutos, hasta que el azúcar se disuelva. Apague el fuego y deje enfriar. Mientras sigue líquido, páselo con el embudo al tarro o a la botella de cristal esterilizados. Cuando se haya enfriado, pruebe a añadir una cucharada de jarabe de maíz: suavizará la textura del sirope. Puede conservarlo en nevera hasta 6 semanas.

# SIROPE DE PINO

Da para unos 15 usos

## INGREDIENTES

200 ml de agua
100 g de azúcar demerara, de caña o granulado
un puñado de agujas de pino recién cogidas (las pequeñas y tiernas de color verde claro)
1 cucharada de jarabe de maíz o de jarabe de azúcar invertido (opcional)

## UTENSILIOS Cazo
antiadherente, cuchara de madera, tarro de cristal con cierre hermético de 200 ml, o botella de cristal con tapón, y embudo.

**ELABORACIÓN** Hierva el agua y añada lentamente el azúcar y las hojitas de pino. Reduzca el fuego y remueva sin parar durante 3-5 minutos, hasta que el azúcar se disuelva y el sirope se aclare. Apague el fuego y deje enfriar. Mientras sigue líquido, páselo con el embudo al tarro o a la botella de cristal esterilizados. Cuando se haya enfriado, pruebe a añadir una cucharada de jarabe de maíz: suavizará la textura del sirope. Puede conservarlo en nevera hasta 6 semanas.

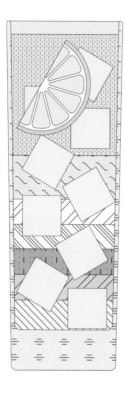

iguales) o prepararlo en pequeñas cantidades para cada bebida.

# OTRAS INFUSIONES

Utilizando el sirope básico (página 37) como base, elabore sus propias infusiones variando las cantidades a su gusto, en función de lo potentes que le resulten los sabores. Para el sirope de romero, una o dos ramitas serán suficientes, mientras que para el de menta o albahaca –como las hojas son más finas– necesitará un buen puñado. No es una ciencia exacta. Ah, cuidado con la piel de los cítricos, que tienden a amargar.

**Albahaca y lima**
**Anís estrellado**
**Café molido**
**Chile**
**Jengibre**
**Menta**
**Miel**
**Pimienta negra**
**Romero**
**Salvia**
**Vainilla (vaina)**

# MEZCLA AGRIDULCE

Su nombre define el equilibrio perfecto entre el sirope de azúcar y el zumo de cítricos. Se puede preparar con antelación (sirope básico y zumo de cítricos a partes

# SOURS

Las mezclas sour –una base cítrica que puede incluir sirope y clara de huevo o aquafaba (el agua de los garbanzos cocidos)– rebajan el dulzor empalagoso de algunos licores. El sirope de azúcar y los jugos de limón, lima, pomelo o naranja sanguina son la nota efervescente del Whisky Sour o del Boston Sour. Pero solo añadiendo media dosis de zumo de limón y sirope de azúcar a una copa de buen vodka con hielo, ya se consigue un gran efecto, al convertir un trago ardiente en algo dulce.

## MEZCLA SOUR BÁSICA

### INGREDIENTES

15 ml de zumo de limón, recién exprimido
15 ml de zumo de lima, recién exprimido

**ELABORACIÓN** Mezclar los zumos y usar.

## MEZCLA SOUR CLÁSICA

### INGREDIENTES

15 ml de zumo de limón, recién exprimido
15 ml de zumo de lima, recién exprimido
15 ml de sirope básico (página 37)
1 clara de huevo o 3 cucharadas de aquafaba

**ELABORACIÓN** Mezcle los zumos, el sirope y la clara de huevo o aquafaba, y agite con hielo el licor elegido.

# SALMUERAS

Salmueras: ese sabroso caldo que quitamos de los botes de aceitunas, alcaparras y pepinillos añaden un toque salado y ácido a la bebida, y reducen mucho más el dulzor que los cítricos. Sin embargo, agregándolas a un licor fuerte resaltamos su potencia. ¿Lo mejor? Es como tomar una copa y cenar a la vez, lo cual, francamente, deja tiempo para más copas.

# Recetas

EL AROMA PURO Y FRESCO DEL VODKA ACENTÚA
EL SABOR DE ESTAS RECETAS CLÁSICAS Y
CONTEMPORÁNEAS.

# LOS CLÁSICOS

LAS VIEJAS COMBINACIONES CLÁSICAS CON VODKA ESTÁN EN CUALQUIER CARTA DE CÓCTELES QUE SE PRECIE, COMO DEBE SER. PERFECTAMENTE EQUILIBRADAS, Y CADA UNA CON SU HISTORIA, ESTAS POTENTES RECETAS ACIERTAN CON ESTILO EN LA DIANA.

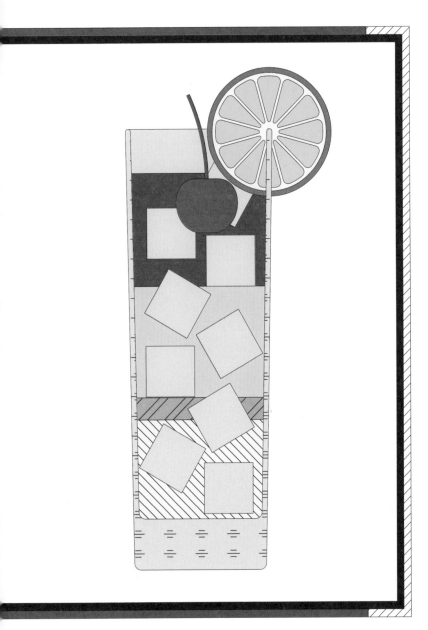

# EL BLOODY MARY DEFINITIVO

Existen infinitas versiones de esta famosa bebida, pero esta receta con ajo, pepino y rábano picante se los meterá a todos en el bolsillo. Da para 4 personas.

## INGREDIENTES

| | | |
|---|---|---|
| **1** | zumo de tomate | 1 litro |
| **2** | vodka | 230 ml |
| **3** | jugo de pepinillos | 80 ml |
| **4** | salsa Worcestershire | 2 cucharaditas |
| **5** | crema de rábano picante | 1 cucharadita |
| **6** | ajo picado | 1 diente |
| **7** | pepino, pelado y sin semillas | 1 mediano |
| **8** | Tabasco | unas gotas |
| **9** | pimienta negra recién molida | 1 cucharadita |
| **10** | sal marina | una buena pizca |
| **11** | pimentón ahumado | 1 cucharadita |
| **12** | pepinillos grandes, en bastones | para decorar |
| **13** | rodajas de limón | para decorar |

**UTENSILIOS** Batidora

**ELABORACIÓN** Triture los ingredientes (excepto los pepinillos y el limón) y viértalos en los vasos, llenos de hielo hasta la mitad. Decore con los bastoncitos de pepinillo y el limón.

SERVIR EN:
VASO BOSTON
O LARGO

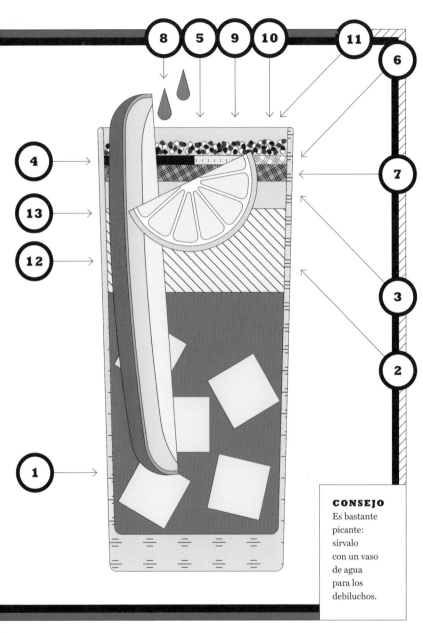

**CONSEJO**
Es bastante
picante:
sírvalo
con un vaso
de agua
para los
debiluchos.

# VODKA COLLINS

Este cóctel clásico saca a relucir lo mejor del vodka. Utilice un licor de primera, el zumo de un limón superfresco y, como esta receta tira a dulce, reduzca la cantidad de sirope como desee.

## INGREDIENTES

| | | |
|---|---|---|
| **1** | vodka de calidad | 60 ml |
| **2** | zumo de limón, recién exprimido | 30 ml |
| **3** | sirope de agave o básico (página 37) | 30 ml |
| **4** | soda fría | para llenar |
| **5** | bíter de Angostura | 2 gotas |

**UTENSILIOS** Coctelera y colador

**ELABORACIÓN** Agite en la coctelera con hielo el vodka, el zumo de limón y el sirope. Cuélelo en la copa y rellene con soda fría. Añada un par de gotas de bíter de Angostura.

SERVIR EN:
COPA POMPADOUR
O FLAUTA

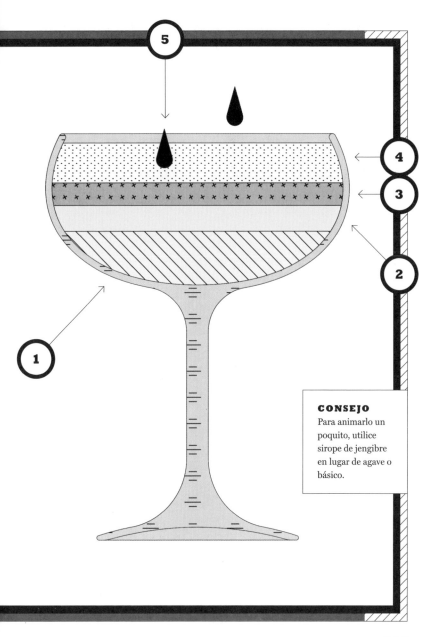

**CONSEJO**
Para animarlo un poquito, utilice sirope de jengibre en lugar de agave o básico.

# COSMOPOLITAN

El sabor de los 90. Este cóctel rosado e intenso con una base de vodka era el rey de las coctelerías neoyorquinas, londinenses y muchas más. De hecho, consiguió emborrachar a bebedoras noctámbulas de todo tipo. Tal vez el Cosmo haya pasado un poco de moda, pero sigue siendo todo un clásico, y una verdadera delicia.

## INGREDIENTES

| 1 | vodka de mandarina o de calidad | 50 ml |
|---|---|---|
| 2 | licor triple seco | 25 ml |
| 3 | zumo de arándanos rojos | 25 ml |
| 4 | piel de naranja | para decorar |

**UTENSILIOS** Coctelera, colador

**ELABORACIÓN** Agite los ingredientes con el hielo y cuélelos en la copa refrigerada. Decore con la piel de naranja y sirva.

SERVIR EN:
COPA POMPADOUR
O MARTINI

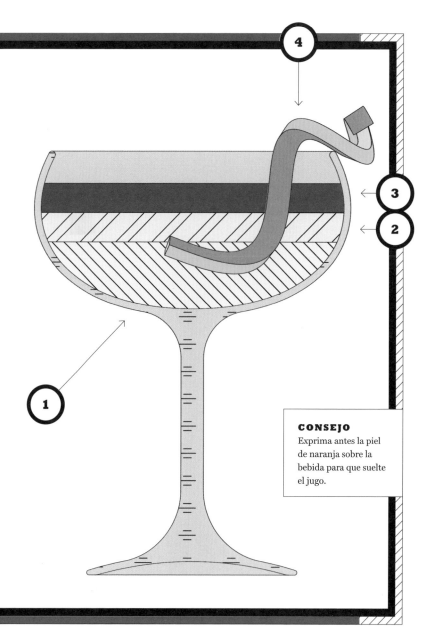

**CONSEJO**
Exprima antes la piel
de naranja sobre la
bebida para que suelte
el jugo.

# SEA BREEZE

Remontándonos a la década de 1920, el Sea Breeze ha pasado de ser un simple cóctel de ginebra y granadina, a este jugoso y amable clásico que conserva toda la potencia del vodka.

## INGREDIENTES

| | | |
|---|---|---|
| **1** | vodka de primera | 60 ml |
| **2** | zumo de pomelo, recién exprimido | 150 ml |
| **3** | zumo de arándanos rojos | 100 ml |
| **4** | zumo de lima, recién exprimido | ½ lima |
| **5** | rodaja de lima | para decorar |
| **6** | bíter de cítrico | 2 gotas |

**ELABORACIÓN** En un vaso lleno de hielo vierta los ingredientes según el orden indicado (con cuidado, para lograr un efecto degradado). Decore con la lima y remate con unas gotas de bíter.

SERVIR EN:
VASO BOSTON
O LARGO

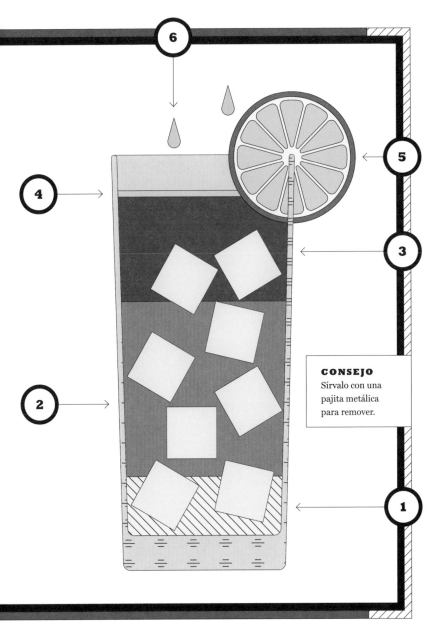

**CONSEJO**
Sírvalo con una
pajita metálica
para remover.

# MOSCOW MULE

Este clásico, muy popular en el Nueva York de los años 40 (se dice que fue ideado por un avispado camarero para liquidar existencias), sigue siendo una de las mejores opciones para tomar vodka.

## INGREDIENTES

| | | |
|---|---|---|
| **1** | vodka de primera | 60 ml |
| **2** | zumo de lima, recién exprimido | ½ lima |
| **3** | sirope de agave o básico (página 37) | 30 ml |
| **4** | cerveza de jengibre potente | para llenar |

**UTENSILIOS** Coctelera, colador

**ELABORACIÓN** Agite el vodka, la lima y el sirope con hielo, cuélelo en un vaso julep refrigerado, lleno de hielo, y cúbralo con cerveza.

SERVIR EN:
VASO JULEP

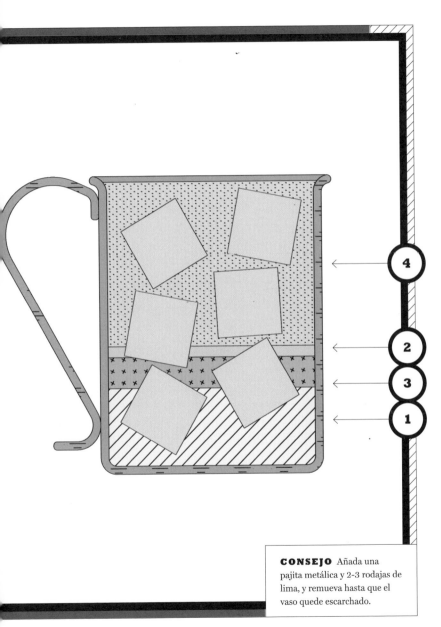

**CONSEJO** Añada una pajita metálica y 2-3 rodajas de lima, y remueva hasta que el vaso quede escarchado.

# LAS REINVENCIONES

REFORMULAR CÓCTELES TRADICIONALES DE VODKA Y MODERNIZARLOS. HEMOS METIDO UNA PIÑA EN UN VASO JULEP Y HEMOS REINVENTADO EL CLÁSICO SPRITZ. TODO LO BUENO SE PUEDE MEJORAR CON OTRA VUELTA DE TUERCA.

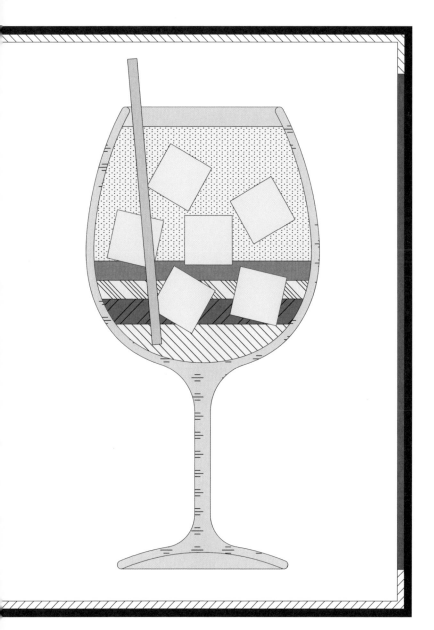

# MOSCOW MULE DE PIÑA

El Moscow Mule con la potencia de la piña y un aire tiki: la versión tropical del típico cóctel de vodka de la década de 1940.

## INGREDIENTES

| | | |
|---|---|---|
| **1** | vodka de primera | 60 ml |
| **2** | zumo de piña | 60 ml |
| **3** | zumo de lima, recién exprimido | ½ lima |
| **4** | cerveza de jengibre fría | para llenar |
| **5** | cuñas de lima | para decorar |

**UTENSILIOS** Coctelera, colador

**ELABORACIÓN** Agite con hielo el vodka y los zumos de piña y lima, cuélelo en un vaso julep con una base de hielo, y cúbralo con la cerveza. Decore con cuñas de lima.

SERVIR EN:
VASO JULEP

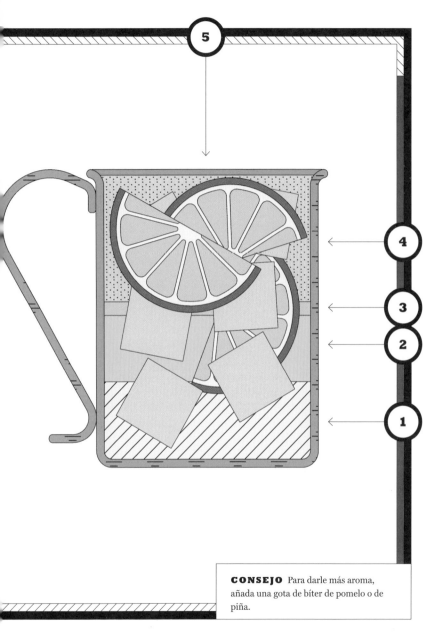

**CONSEJO** Para darle más aroma, añada una gota de bíter de pomelo o de piña.

# TÉ HELADO DE BEVERLY HILLS

Lujosa interpretación del tradicional Té Helado de Long Island, pero sustituyendo los pintorescos pueblecitos de pescadores de Nueva York por el glamur soleado de Beverly Hills. Esta versión aporta la fuerza del vodka y el fulgor el champán.

## INGREDIENTES

| 1 | vodka de calidad | 15 ml |
|---|---|---|
| 2 | tequila oro | 15 ml |
| 3 | ron dorado | 15 ml |
| 4 | ginebra | 15 ml |
| 5 | licor triple seco | 15 ml |
| 6 | mezcla agridulce (página 40) | 30 ml |
| 7 | champán frío | para llenar |
| 8 | media rodaja de limón | para decorar |

**UTENSILIOS** Coctelera, colador

**ELABORACIÓN** Ponga todos los ingredientes (excepto el champán y el limón) en la coctelera llena de hielo. Agite hasta que la mezcla se enfríe y quede espumosa, luego cuélela en un vaso frío lleno de hielo. Acabe de llenarlo con champán y exprima media rodaja de limón por encima.

SERVIR EN:
VASO COLLINS

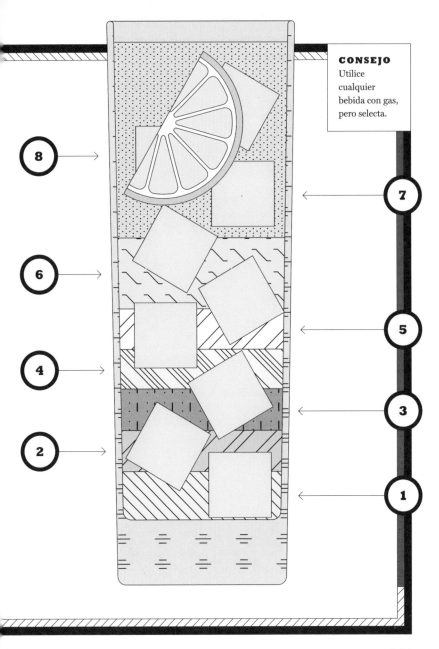

**CONSEJO**
Utilice cualquier bebida con gas, pero selecta.

# COSMOPOLITAN DE FRAMBUESA

Esta versión contemporánea es un guiño al cóctel de vodka rosado e intenso que causó furor en la cultura coctelera de los años 90. Aunque es un punto más dulce que el Cosmo clásico, conserva ese toque seco tan apreciado por los puristas.

## INGREDIENTES

| 1 | vodka Absolut Citron | 50 ml |
|---|---|---|
| 2 | licor triple seco | 15 ml |
| 3 | licor de frambuesa | 15 ml |
| 4 | zumo de arándanos rojos | 25 ml |
| 5 | frambuesa | para decorar |

**UTENSILIOS** Coctelera, colador

**ELABORACIÓN** Agite con hielo los ingredientes y cuele el cóctel en una copa refrigerada. Decore con una frambuesa y sirva.

SERVIR EN:
COPA MARTINI
O POMPADOUR

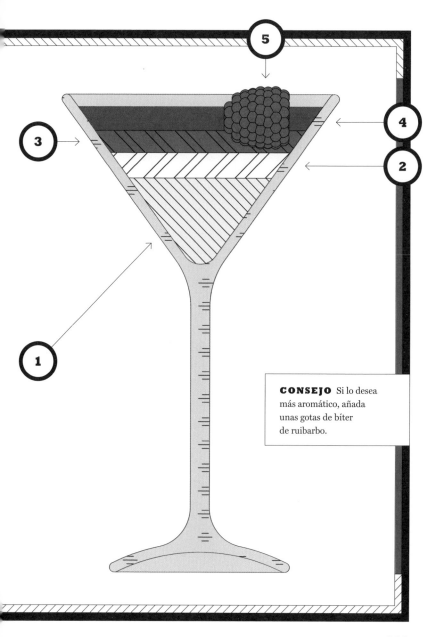

**CONSEJO** Si lo desea más aromático, añada unas gotas de bíter de ruibarbo.

# EL NUEVO CLÁSICO SPRITZ

Una versión nada clásica del tradicional Spritz que ya se ha convertido en clásica por mérito propio. Le recomiendo que use Contratto Bitter, en lugar de Campari o Aperol (aunque los tres dan buen resultado), y vaya acostumbrándose a su nueva bebida veraniega por defecto.

## INGREDIENTES

| | | |
|---|---|---|
| 1 | vodka | 30 ml |
| 2 | Aperol u otro licor amargo | 30 ml |
| 3 | licor de saúco St Germain | 15 ml |
| 4 | zumo de pomelo, recién exprimido | 25 ml |
| 5 | prosecco frío | para llenar |

**ELABORACIÓN** Añada al vaso con hielo el vodka, el Aperol, el licor de saúco y el zumo de pomelo, luego rellene con el prosecco y sirva con una pajita.

SERVIR EN:
COPA DE VINO,
VASO CORTO O LARGO

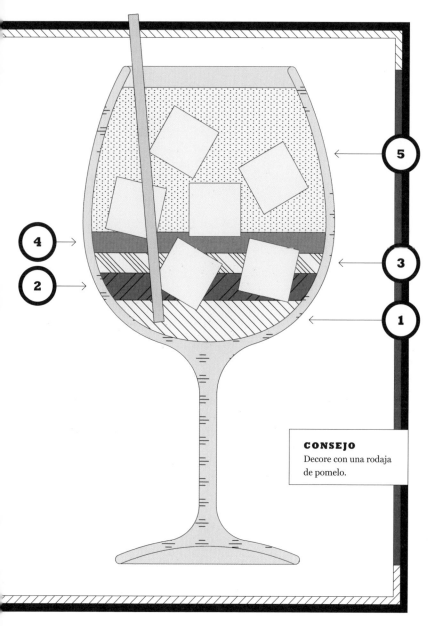

**CONSEJO**
Decore con una rodaja
de pomelo.

# LOS DE POTENCIA CÍTRICA

VODKA Y CÍTRICOS: LOS MEJORES COMPAÑEROS DE CAMA. UNAS GOTAS DE LIMA, LIMÓN O POMELO Y UN PEDAZO DE PIEL ÁCIDA ELEVAN EL LICOR A ALTURAS CELESTIALES. DESDE EL DELICADO PUNTO ÁCIDO DEL RIVERA DE POMELO HASTA EL PEPPER POT.

# RIVERA DE POMELO

El amargor del pomelo, equilibrado con la dulzura y el aroma del saúco, sobre la potente base de un vodka de calidad. Un preparado de aspecto delicado que oculta su auténtico vigor.

### INGREDIENTES

| | | | |
|---|---|---|---|
| **1** | } | vodka de calidad | 60 ml |
| **2** | } | licor de saúco St Germain | 30 ml |
| **3** | } | zumo de pomelo rosa, recién exprimido | 50 ml |

**UTENSILIOS** Coctelera, colador

**ELABORACIÓN** Agite los ingredientes con hielo hasta que se enfríen bien, y luego cuele en una copa refrigerada.

SERVIR EN:
COPA POMPADOUR
O MARTINI

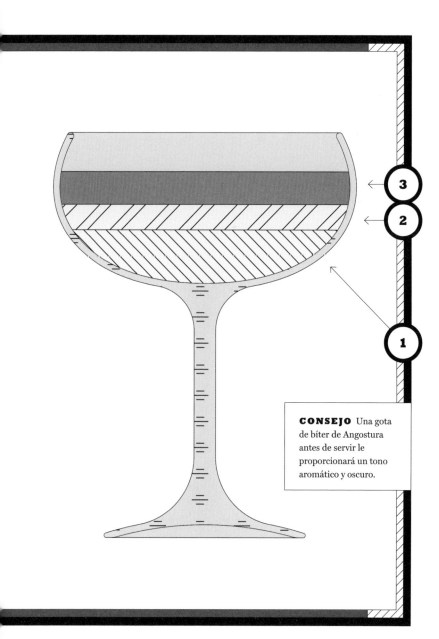

**CONSEJO** Una gota de bíter de Angostura antes de servir le proporcionará un tono aromático y oscuro.

# PINK PALOMA

Esta bebida fresca y ácida, con soda fría, se elabora con una base
de vodka de primera, animado con pomelo rojo y lima. El Paloma
original, con tequila y un chorrito de refresco de pomelo, es muy
popular entre los adolescentes españoles, pero esta versión adulta
es lo más.

## INGREDIENTES

| | | | |
|---|---|---|---|
| 1 | { | vodka de mandarina o de calidad | 60 ml |
| 2 | { | zumo de pomelo rojo, recién exprimido | ½ pomelo |
| 3 | { | zumo de lima, recién exprimido | 15 ml |
| 4 | { | sirope de agave o básico (página 37) | 15 ml |
| 5 | { | soda | para llenar |
| 6 | { | rodaja de lima | para decorar |

**UTENSILIOS** Coctelera, colador

**ELABORACIÓN** Ponga el vodka, los zumos y el sirope en una coctelera
con hielo. Agite vigorosamente y cuélelo en un vaso lleno de hielo. Acabe de
llenar el vaso con soda y decore con una rodaja de lima.

SERVIR EN:
TARRO DE MERMELADA
O VASO CORTO

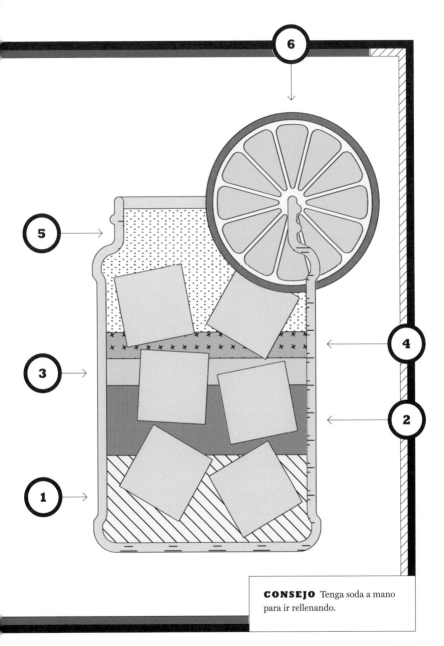

**CONSEJO** Tenga soda a mano para ir rellenando.

# PEPPER POT

El Pepper Pot es un combinado ardiente: corto, opaco y afrutado, con notas cálidas y picantes, y una acidez cítrica. La proporción perfecta de agridulce que da en el clavo.

### INGREDIENTES

| | | |
|---|---|---|
| **1** | vodka de calidad | 45 ml |
| **2** | sirope de pimienta negra (página 40) | 45 ml |
| **3** | zumo de pomelo, recién exprimido | 90 ml |
| **4** | piel o media rodaja de pomelo | para decorar |

**UTENSILIOS** Coctelera, colador

**ELABORACIÓN** Ponga en una coctelera con hielo el vodka, el sirope y el zumo. Agite vigorosamente hasta que se enfríe del todo y cuele la mezcla en un vaso con hielo. Decore con la piel o media rodaja de pomelo.

SERVIR EN:
VASO CORTO

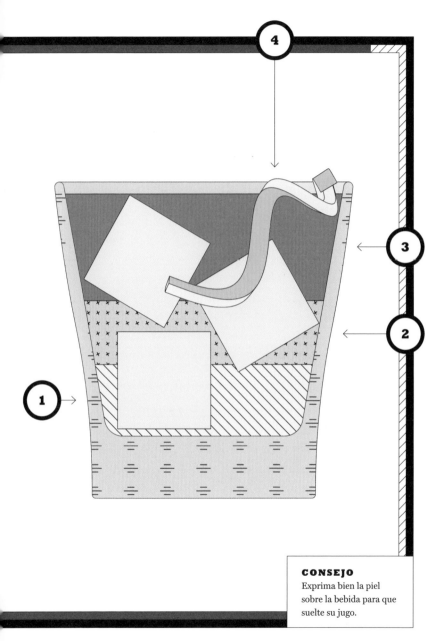

# KAMIKAZE

Seguro que con esta bebida le crecerá pelo en el pecho. Se trata de un cóctel ácido, conocido como el hermano malvado del Gimlet, cuyo sabor depende de la calidad del licor que utilice, por lo tanto, le conviene ser generoso. Vodka, Cointreau y zumo de lima recién exprimido a partes iguales: he aquí el Kamikaze.

## INGREDIENTES

| | | |
|---|---|---|
| **1** | vodka de calidad | 30 ml |
| **2** | Cointreau | 30 ml |
| **3** | zumo de lima, recién exprimido | 30 ml |
| **4** | rodaja de lima | para decorar |

**UTENSILIOS** Coctelera, colador

**ELABORACIÓN** Agite vigorosamente con hielo el vodka, el Cointreau y el zumo de lima hasta que se enfríe y cuele la mezcla en la copa. Decore con una rodaja de lima.

SERVIR EN:
COPA MARTINI
O POMPADOUR

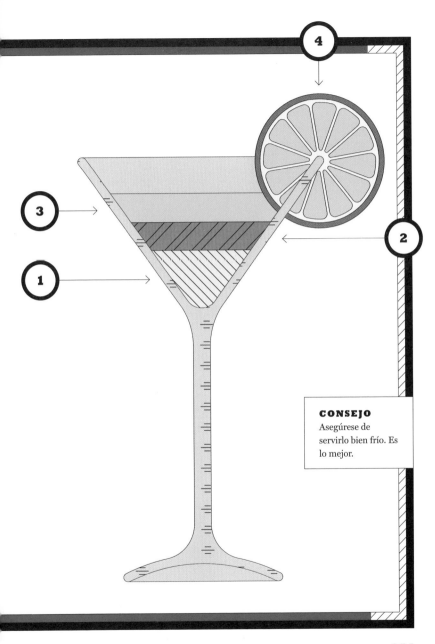

**CONSEJO**
Asegúrese de
servirlo bien frío. Es
lo mejor.

# SEX ON THE BEACH

¿Por qué no? Aunque este clásico de la coctelería tiene un nombre bastante bochornoso, es una delicia suprema. Úntese con protección solar y disfrute del sexo en la playa, pero que no se le meta arena por ningún sitio.

## INGREDIENTES

| | | |
|---|---|---|
| 1 | vodka | 45 ml |
| 2 | licor de melocotón | 15 ml |
| 3 | zumo de naranja colado | 60 ml |
| 4 | zumo de arándanos rojos | 60 ml |
| 5 | rodaja de lima | para decorar |
| 6 | cereza escarchada | para decorar |

**ELABORACIÓN** Llene un vaso largo con cubitos de hielo, vierta los ingredientes líquidos en el orden indicado (con cuidado, para crear un efecto degradado) y decore con una rodaja de lima y una cereza escarchada dándole un toque retro.

SERVIR EN:
VASO LARGO

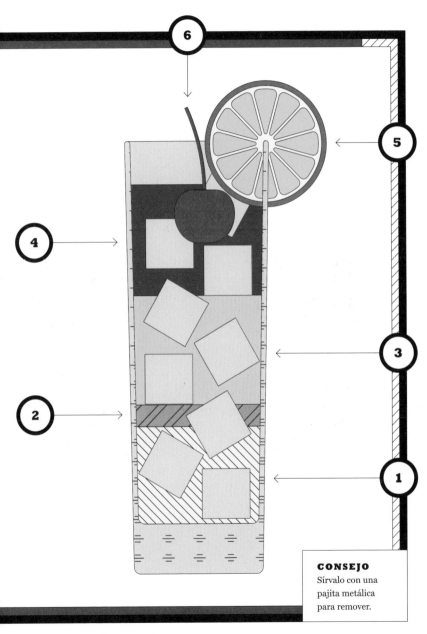

**CONSEJO**
Sírvalo con una
pajita metálica
para remover.

# LOS
# NOCTURNOS

EL EFECTO CAMALEÓNICO DEL VODKA LO
CONVIERTE EN UN MARAVILLOSO DIGESTIVO
DESPUÉS DE CENAR O EN UN POTENTE
ENERGIZANTE DE MADRUGADA. ¿NO LE CABE
EL POSTRE? MEZCLE EL MARTINI ESPRESSO
DEFINITIVO CON UN GRASSHOPPER
O MINT STINGER. DULCE SOBREMESA.

# EL MARTINI ESPRESSO DEFINITIVO

La versión lujosa de este legendario cóctel se prepara con el delicioso licor de tequila al café, de la marca Patrón en lugar de Kahlúa, y con bíter de chocolate. Ambos le otorgan un aroma arrebatador.

## INGREDIENTES

| 1 | vodka de primera | 60 ml |
|---|---|---|
| 2 | licor de café Patrón XO | 50 ml |
| 3 | café exprés frío | 50 ml |
| 4 | bíter de chocolate | 3 gotas |

**UTENSILIOS** Coctelera, colador

**ELABORACIÓN** En una coctelera con hielo agite el vodka, el Patrón y el café, luego cuele la mezcla en una copa refrigerada y añada el bíter de chocolate.

SERVIR EN:
COPA MARTINI
O POMPADOUR

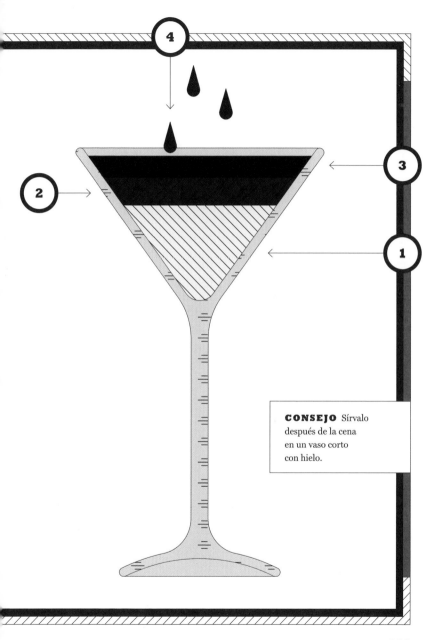

CONSEJO Sírvalo
después de la cena
en un vaso corto
con hielo.

# GRASSHOPPER

El típico cóctel de postre, a base de licor de chocolate con menta, típico en las fiestas de Halloween, tan apreciado por las *drag queens* (cuando se acaban los daiquiris, claro). Dicen que este combinado de color verde teleñeco lo creó en 1918 Philip Guichet, del bar Tujague, de Nueva Orleans. A sus pies, caballero.

## INGREDIENTES

| | | |
|---|---|---|
| **1** | vodka | 25 ml |
| **2** | nata fresca | 25 ml |
| **3** | licor de menta | 15 ml |
| **4** | licor de cacao blanco | 15 ml |
| **5** | chocolate rallado | para decorar |

**ELABORACIÓN** Agite los líquidos en la coctelera con hielo y cuele la mezcla en la copa. Decore con un poco de chocolate rallado.

SERVIR EN:
COPA MARTINI
O POMPADOUR

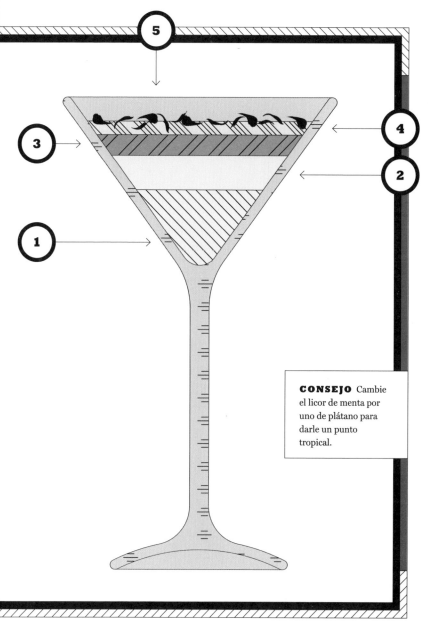

# LOCUST

De color verde esmeralda, esta selecta bebida de chocolate con menta es el primo cachas del Grasshopper y resulta ideal para tomar después de la cena. Como no tiene nata, es perfecta para invitados delicados, esos que disfrutan de cualquier cosa en la vida excepto de los productos lácteos.

## INGREDIENTES

| | | |
|---|---|---|
| **1** | vodka | 25 ml |
| **2** | licor de menta | 25 ml |
| **3** | licor de cacao blanco | 25 ml |

**UTENSILIOS** Coctelera, colador

**ELABORACIÓN** Agite los ingredientes en la coctelera con hielo y cuele la mezcla en la copa.

SERVIR EN:
COPA POMPADOUR
O MARTINI

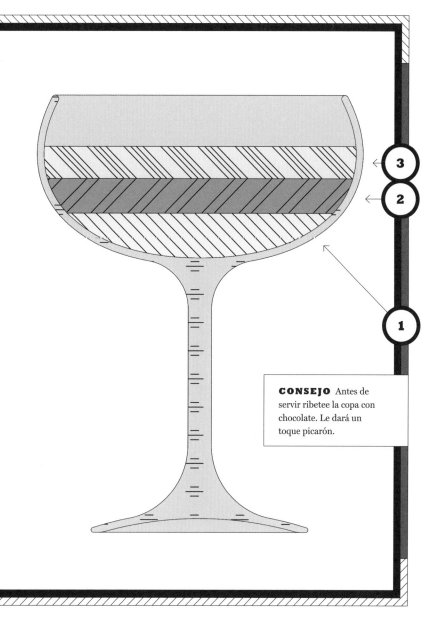

**CONSEJO** Antes de servir ribetee la copa con chocolate. Le dará un toque picarón.

# MINT STINGER

Chocolate y menta: la pareja ideal. Este Stinger de vodka incluye licores de menta y de chocolate, logrando un cóctel robusto y claro que parece un Martini clásico, pero no lo es.

### INGREDIENTES

| 1 | vodka de primera | 60 ml |
|---|---|---|
| 2 | licor de menta blanco | 50 ml |
| 3 | licor de cacao blanco | 50 ml |
| 4 | una ramita de menta | para decorar |

**UTENSILIOS** Coctelera, colador

**ELABORACIÓN** Agite los ingredientes líquidos en la coctelera con hielo y luego cuele la mezcla en una copa refrigerada. Decore con una ramita de menta.

SERVIR EN:
COPA MARTINI
O POMPADOUR

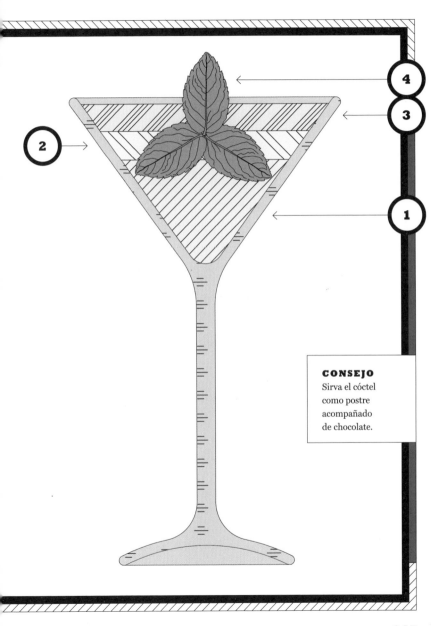

**CONSEJO**
Sirva el cóctel
como postre
acompañado
de chocolate.

# LOS MARTINIS

PURO, SUPERFRÍO Y CASI MORTAL.
EL MARTINI EN TODAS SUS VERSIONES,
CLÁSICAS Y AFRUTADAS, PONE DE RELIEVE
LA CALIDAD DEL LICOR: USE VODKA
DEL MEJORCITO.

# APPLETINI

Este Martini de manzana, de sabor fresco, combina dulzura y acidez con un equilibrio perfecto. Emplee un zumo de manzana turbio de calidad, o uno transparente si desea que la bebida tenga un aspecto menos casero.

## INGREDIENTES

| | | |
|---|---|---|
| **1** | vodka de calidad | 60 ml |
| **2** | licor de manzana | 40 ml |
| **3** | zumo de limón, recién exprimido | 30 ml |
| **4** | zumo de manzana turbio | 15 ml |
| **5** | bíter de jengibre | 2 gotas |

**UTENSILIOS** Coctelera, colador

**ELABORACIÓN** Agite vigorosamente con el hielo el vodka, el licor de manzana y los zumos de limón y de manzana. Cuélelo todo en una copa y eche un par de gotas de bíter de jengibre.

SERVIR EN:
COPA MARTINI
O POMPADOUR

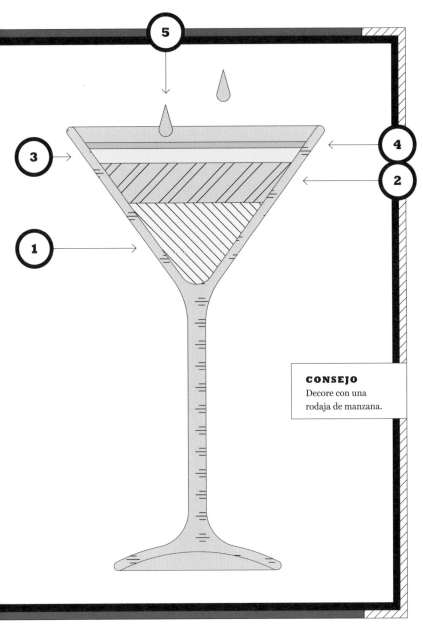

**CONSEJO**
Decore con una
rodaja de manzana.

# MARTINI DE VODKA

Este cóctel esencial, el Martini de Vodka, consta únicamente de dos ingredientes: vodka y vermut; el aroma lo aporta una rodaja de limón. Puede removerlo en el mismo vaso, pero la coctelera rebaja la temperatura, amortigua la intensidad y de paso confiere una textura más sedosa. Si alguien le dice que el Martini no puede servirse sin ginebra, eche a esa persona de su vida.

## INGREDIENTES

| 1 | vodka de calidad | 60 ml |
|---|---|---|
| 2 | vermut seco | 15 ml |
| 3 | espiral de limón | para decorar |

**UTENSILIOS** Coctelera, colador

**ELABORACIÓN** Agite los ingredientes líquidos con hielo hasta que queden casi diluidos (unos 20-30 segundos), y luego cuele la mezcla en una copa. Decore con una espiral de piel de limón.

SERVIR EN:
COPA MARTINI
O POMPADOUR

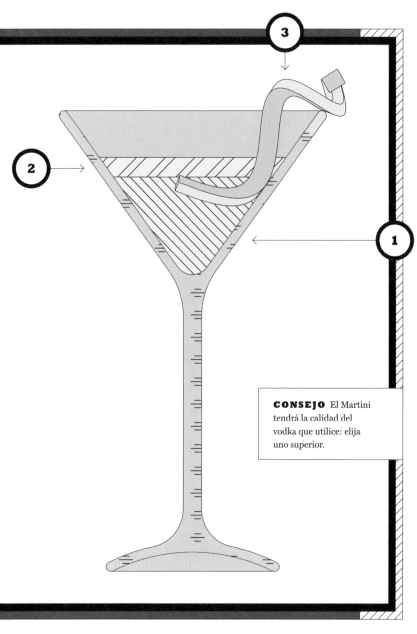

**CONSEJO** El Martini
tendrá la calidad del
vodka que utilice: elija
uno superior.

# TEENY MARTINI

La versión joven del clásico cóctel, este minimartini de vodka y ginebra, tiene un sabor suavemente salado con una nota aromática de hinojo. Vierta los ingredientes en una botella de cierre hermético y consérvela en el frigorífico. Es la bebida perfecta para los amantes del martini con poco aguante etílico, y también para las visitas inesperadas.

## INGREDIENTES

| 1 | vodka de calidad | 420 ml |
|---|---|---|
| 2 | ginebra | 420 ml |
| 3 | vermut seco | 140 ml |
| 4 | jugo de conserva de aceitunas o de alcaparras | 70 ml |
| 5 | bíter de hinojo | 10 gotas |
| 6 | aceituna o alcaparra | para decorar |

**UTENSILIOS** Botella de 1 litro con cierre hermético, coctelera, colador

**ELABORACIÓN** Ponga los ingredientes líquidos en la botella y guárdela en el frigorífico. Antes de servir, meta la botella en el congelador unos 40 minutos para tomar el combinado bien frío, o refrésquelo agitándolo con hielo.
Sírvalo con una aceituna o con una alcaparra.

SERVIR EN: VASO DE CHUPITO, MINICOPA MARTINI O MINICOPA POMPADOUR

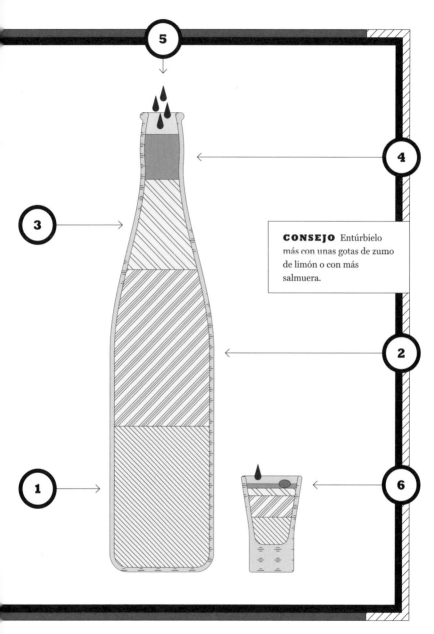

CONSEJO Entúrbielo más con unas gotas de zumo de limón o con más salmuera.

# MARTINI ESPRESSO

Combustible energético total. Este clásico es la copa revitalizante para los que dicen que tienen clase de Pilates por la mañana y han de retirarse pronto. Sírvales un Martini Espresso después de la cena y mire cómo bailan claqué sobre la mesa hasta el amanecer.

## INGREDIENTES

| | | |
|---|---|---|
| **1** | vodka de primera | 60 ml |
| **2** | licor de café Kahlúa | 50 ml |
| **3** | café exprés frío | 50 ml |
| **4** | granos de café | para decorar |

**UTENSILIOS** Coctelera, colador

**ELABORACIÓN** Agite los ingredientes líquidos en la coctelera con hielo, y cuele la mezcla en una copa refrigerada. Decore con 2-3 granos de café.

SERVIR EN:
COPA MARTINI
O POMPADOUR

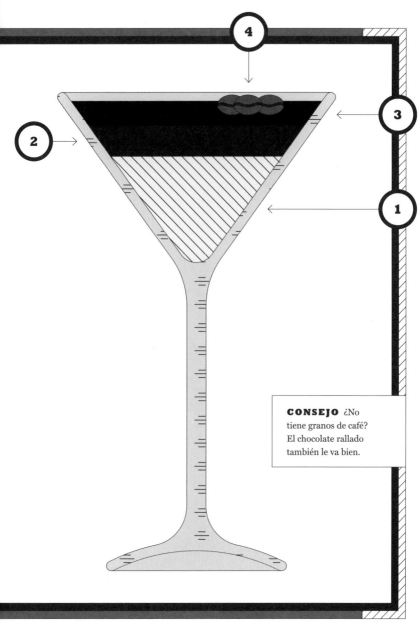

CONSEJO ¿No tiene granos de café? El chocolate rallado también le va bien.

# FRENCH MARTINI

El sedoso y dulce French Martini, con aroma de bayas, ya es todo un clásico. Utilice licor Chambord para lograr un sabor más auténtico, y zumo de piña fresco o de calidad. Luego agite bien la mezcla hasta formar espuma. Si opta por un vodka de vainilla, el resultado será aún más afrancesado.

## INGREDIENTES

| | | |
|---|---|---|
| **1** | vodka de primera | 30 ml |
| **2** | Chambord | 30 ml |
| **3** | zumo de piña | 30 ml |

**UTENSILIOS** Coctelera, colador

**ELABORACIÓN** Agite vigorosamente los ingredientes con hielo y cuele la mezcla en una copa.

SERVIR EN:
COPA MARTINI
O POMPADOUR

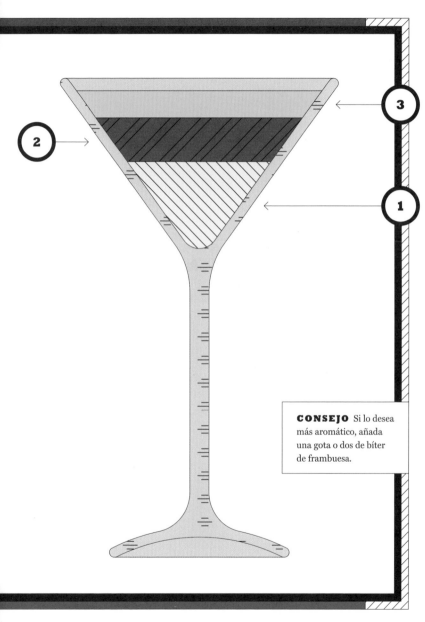

**CONSEJO** Si lo desea más aromático, añada una gota o dos de bíter de frambuesa.

# TRAGOS MUY MUY LARGOS

PARA LOS QUE NO QUIEREN QUE SE ACABEN
NUNCA, ESTOS DELICIOSOS COMBINADOS
LARGOS TIPO PONCHE CALMAN LA SED
Y DISIMULAN EL FUEGO DEL VODKA.

# VODKA BASIL SODA

Un combinado refrescante y aromático para ponerse bizco: con su vodka de vainilla favorito como protagonista, licor de saúco y albahaca. Este sabor seco y maduro solo puede mejorar con pepino de guarnición. ¿A qué espera?

## INGREDIENTES

| 1 | vodka de vainilla | 30 ml |
|---|---|---|
| 2 | licor de saúco St Germain | 15 ml |
| 3 | zumo de limón, recién exprimido | unas gotas |
| 4 | hojas de albahaca | 4-5 |
| 5 | soda fría | para llenar |

**ELABORACIÓN** Vierta el vodka, el licor de saúco y el zumo de limón en un vaso largo o corto, medio lleno con hielo. Estruje ligeramente con los dedos las hojas de albahaca y échelas al vaso. Acabe de llenarlo con soda.

SERVIR EN:
VASO LARGO
O CORTO

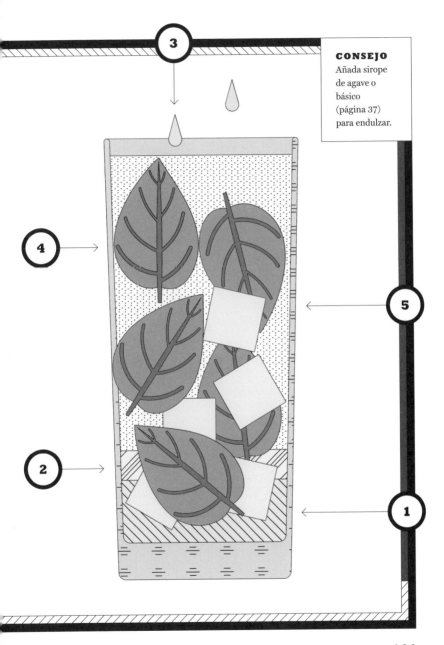

**CONSEJO**
Añada sirope
de agave o
básico
(página 37)
para endulzar.

# EL VODKA NARANJA DEFINITIVO

Incluso la mejor pareja necesita de vez en cuando probar cosas nuevas. Varíe el típico combinado de vodka con naranja dándole un toque avainillado, y añada zumo recién exprimido y unas gotas de bíter de naranja para aromatizarlo. Nada volverá a ser igual.

## INGREDIENTES

| 1 | vodka de vainilla | 30 ml |
|---|---|---|
| 2 | zumo de naranja, recién exprimido | para llenar |
| 3 | bíter de naranja | 2 gotas |
| 4 | rodaja de naranja | para decorar |

**ELABORACIÓN** Ponga el vodka en un vaso largo o corto, medio cubierto con hielo. Acabe de llenarlo con zumo de naranja y agregue el bíter. Decore con una rodaja de naranja.

SERVIR EN:
VASO LARGO
O CORTO

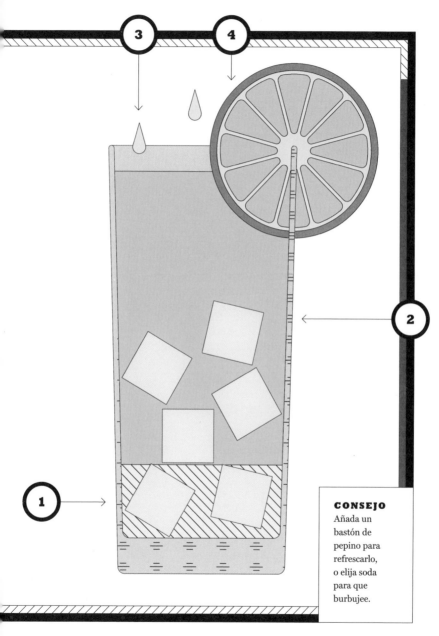

**CONSEJO**
Añada un
bastón de
pepino para
refrescarlo,
o elija soda
para que
burbujee.

# RUSSIAN SPRING PUNCH

Los años 80 metidos en un vaso. El Russian Spring Punch está a la altura del Tequila Sunrise como bebida que personifica una década entera de música pop y cortes de pelo ambiguos. Este combinado tiene la intensidad de las bayas y de la efervescencia del champán.

## INGREDIENTES

| | | |
|---|---|---|
| **1** | vodka Absolut Raspberri | 30 ml |
| **2** | zumo de limón, recién exprimido | 30 ml |
| **3** | Chambord | 10 ml |
| **4** | sirope de agave o básico (página 37) | 10 ml |
| **5** | champán frío | para llenar |
| **6** | bayas variadas | para decorar |

**UTENSILIOS** Coctelera, colador

**ELABORACIÓN** Agite vigorosamente los ingredientes (excepto el champán y las bayas) en la coctelera con hielo hasta que quede granizado, y cuele la mezcla en una copa con hielo. Acabe de llenar con champán y decore con bayas variadas.

SERVIR EN:
VASO LARGO

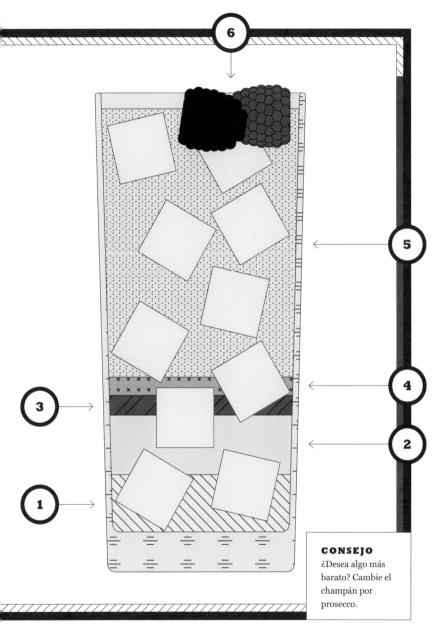

6

**CONSEJO**

¿Desea algo más barato? Cambie el champán por prosecco.

# LIMONADA
# DE PEPINO

Imagínese que prepara una limonada fresca y saludable, como la que tomaba de niño en los años 70, pero que le añade a escondidas un chorrito del vodka de papá y mamá, y consigue entonar a todos los adultos. Se echan las llaves a un cuenco y entonces algo sucede con un pepino. De eso va esta bebida.

## INGREDIENTES

| | | |
|---|---|---|
| **1** | vodka | 60 ml |
| **2** | jugo de pepino, recién licuado | 30 ml |
| **3** | zumo de limón, recién exprimido | 15 ml |
| **4** | sirope de agave o básico (página 37) | unas gotas |
| **5** | soda fría | para llenar |
| **6** | bastón de pepino | para decorar |

**UTENSILIOS** Coctelera, colador

**ELABORACIÓN** Agite, con el sirope y hielo, el vodka, el jugo de pepino y el zumo de limón. Cuélelo en un vaso lleno de hielo. Acabe de cubrirlo con soda bien fría y decore con un bastón de pepino.

SERVIR EN:
VASO LARGO

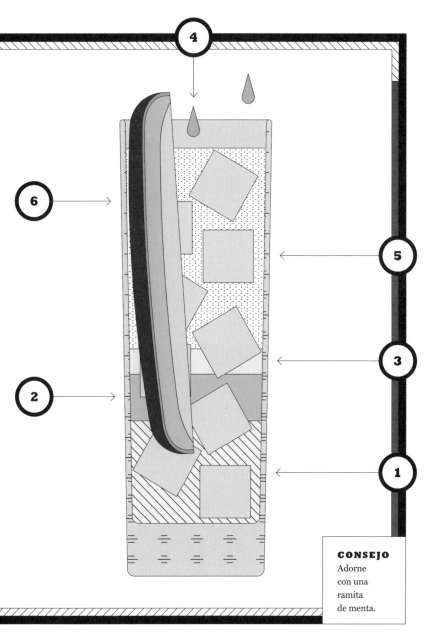

**CONSEJO**
Adorne con una ramita de menta.

# POSH BITCH

El clásico triunvirato de vodka, lima y soda, conocido como Skinny Bitch, es la bebida ideal para no pasarse de calorías. Solo que esta versión es algo más pija, pues sustituye la lima por el pomelo rosado. La potencia la aporta el fino sabor del vodka de mandarina.

## INGREDIENTES

| | | |
|---|---|---|
| **1** | vodka de mandarina | 60 ml |
| **2** | zumo de pomelo rosado, recién exprimido | 50 ml |
| **3** | soda fría | para llenar |

**UTENSILIOS** Coctelera, colador

**ELABORACIÓN** Agite todos los ingredientes con hielo hasta condensarlos. Cuele la mezcla en un vaso refrigerado y acabe de llenarlo con soda.

SERVIR EN:
VASO LARGO

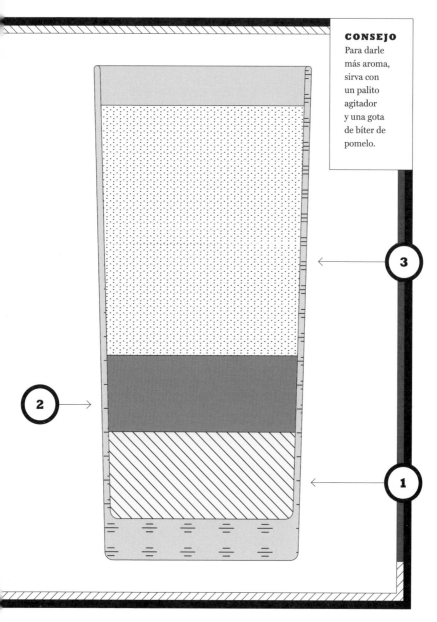

# PINK VODKA LEMONADE

Es el preparado favorito en las fiestas veraniegas. El Pink Vodka Lemonade es una manera pecaminosamente gustosa de beber vodka. El zumo de limón añadido mantiene el punto ácido, y el vodka de frambuesa de calidad lo eleva de categoría: de ponche guatequero a algo completamente elegante.

## INGREDIENTES

| | | |
|---|---|---|
| 1 | vodka Absolut Raspberri | 30 ml |
| 2 | zumo de arándanos rojos | 30 ml |
| 3 | zumo de limón, recién exprimido | 15 ml |
| 4 | limonada fría | para llenar |
| 5 | bíter de ruibarbo | 2 gotas |
| 6 | rodaja de lima | para decorar |

**ELABORACIÓN** Añada el vodka, el zumo de arándanos y el zumo de limón a un vaso con hielo, y acabe de llenarlo con limonada. Agregue el bíter y decore con una rodaja de lima.

SERVIR EN:
VASO LARGO

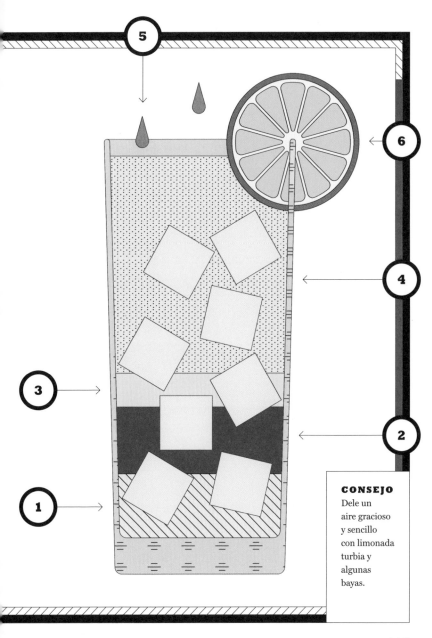

**CONSEJO**
Dele un aire gracioso y sencillo con limonada turbia y algunas bayas.

# LOS FIESTEROS

COMBINADOS MÁGICOS DIGNOS DE CUALQUIER FIESTA. PUEDE PREPARARLOS EN CANTIDAD O CON UN TOQUE DIFERENTE: DESDE EL FROZEN COSMO O EL LIMONCELLO FLOAT HASTA EL WHITE RUSSIAN VEGANO.

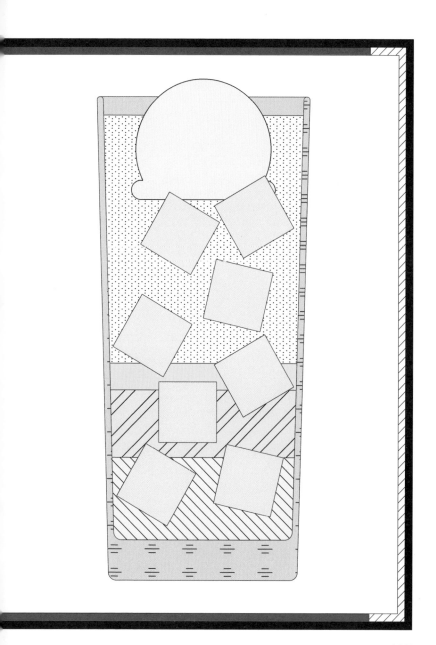

# WHITE RUSSIAN DE ALMENDRA

Para obtener la mejor versión de este sugerente White Russian sustituimos la nata por leche de almendras. Asegúrese de que el vodka haya salido directo del congelador, y la leche del frigorífico. Sírvalo como postre o, ¿por qué no?, en lugar del café con leche matutino.

## INGREDIENTES

| | | |
|---|---|---|
| **1** | vodka de vainilla muy frío | 30 ml |
| **2** | licor de café Kahlúa | 30 ml |
| **3** | leche de almendras fría | 125 ml |

**ELABORACIÓN** Añada el vodka y el licor de café a un vaso corto con un gran cubito de hielo, y vierta poco a poco la leche de almendras para crear un efecto degradado.

SERVIR EN:
VASO CORTO

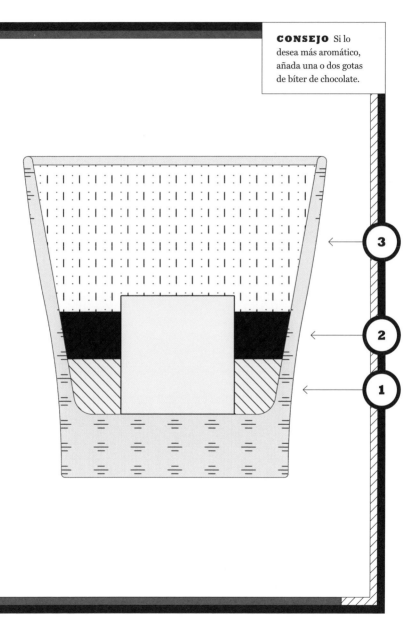

117

# BLACK
# MAGIC

Considere esta sabrosa bebida revitalizante como un Black Russian Sour. El trío de vodka, licor de café y zumo de limón es muy extraño, pero ¡vaya si funciona! Es el dominio de las ciencias ocultas.

### INGREDIENTES

| 1 | vodka de primera | 50 ml |
|---|---|---|
| 2 | licor de café Kahlúa | 50 ml |
| 3 | zumo de limón, recién exprimido | 15 ml |

**ELABORACIÓN** Añada el vodka y el licor de café a un vaso corto con un gran cubito de hielo, remueva y luego rocíe la mezcla con el zumo de limón.

SERVIR EN:
VASO CORTO

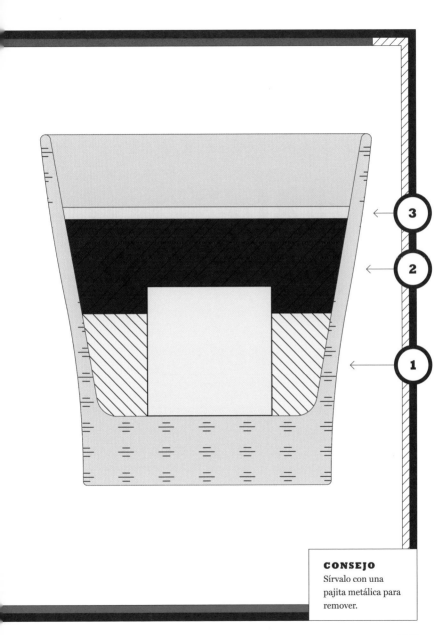

**CONSEJO**
Sírvalo con una
pajita metálica para
remover.

# LIMONCELLO FLOAT

¿Conoce aquel dicho: cuando la vida te dé limones, prepara un sorbete artesano de limoncello y cuélgalo en Instagram? Bueno, pues esta potente bebida cítrica es una deliciosa manera de presumir de sus dotes culinarias (o compre los ingredientes, nadie se enterará), y además sabe genial.

## INGREDIENTES

| | | |
|---|---|---|
| **1** | vodka de primera | 30 ml |
| **2** | limoncello | 30 ml |
| **3** | zumo de limón, recién exprimido | 15 ml |
| **4** | soda fría | para llenar |
| **5** | sorbete de limón | 1 cucharada |

**ELABORACIÓN** Vierta el vodka, el limoncello y el zumo de limón en un vaso con hielo, acabe de llenarlo con soda y remueva un poco. Agregue la bola de sorbete y tómelo mientras se derrite.

SERVIR EN:
VASO LARGO O CORTO

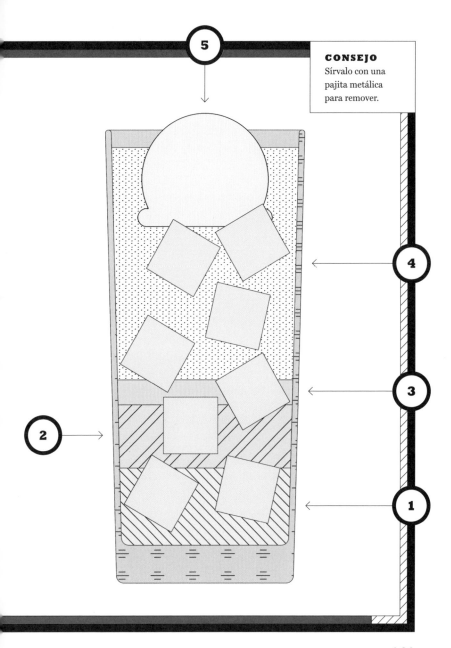

5

**CONSEJO**
Sírvalo con una
pajita metálica
para remover.

4

3

2

1

# FROZEN COSMO

Algunos afirman que el Frozen Cosmo es igual que el clásico cóctel de arándanos rojos pero con otra textura; otros lo llaman sorbete de chica, pero, lo llame como lo llame, es delicioso. Para obtener una textura sedosa, emplee una batidora de gran potencia y hielo picado (no cubitos).

## INGREDIENTES

| | | |
|---|---|---|
| **1** | vodka Absolut Citron | 45 ml |
| **2** | Cointreau | 15 ml |
| **3** | zumo de arándanos rojos | 30 ml |
| **4** | zumo de lima, recién exprimido | 15 ml |
| **5** | rodaja de lima | para decorar |

**UTENSILIOS** Batidora

**ELABORACIÓN** Añada los ingredientes líquidos al vaso de la batidora con hielo picado y triture hasta lograr una textura granizada. Viértalo en un vaso largo, o en un vaso o bol de ponche, y agregue un poco más de zumo de arándanos para diluir. Decore con la rodaja de lima.

SERVIR EN: VASO LARGO
O DE PONCHE, BOL DE PONCHE
O LO QUE SEA

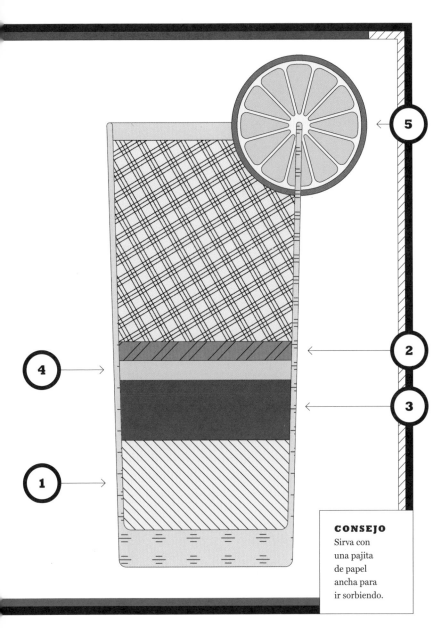

**5**

**2**

**4**

**3**

**1**

**CONSEJO**
Sirva con
una pajita
de papel
ancha para
ir sorbiendo.

# HONEY PEPPER PUNCH

El vodka de miel y pimienta es una exquisitez ucraniana, y este combinado largo y especiado, coronado con cerveza de primera, acentúa el sabor de este curioso licor. Como cualquier cóctel que lleve cerveza, no hay que escatimar: que sea de primera, light, y esté bien fría.

## INGREDIENTES

| | | |
|---|---|---|
| **1** | vodka de miel y pimienta o de calidad | 30 ml |
| **2** | sirope de jengibre (página 40) | 15 ml |
| **3** | zumo de lima, recién exprimido | 10 ml |
| **4** | cerveza rubia de calidad | para llenar |
| **5** | rodaja de lima | para decorar |

**UTENSILIOS** Coctelera

**ELABORACIÓN** Agite el vodka, el sirope y el zumo de lima hasta formar un granizado uniforme. Viértalo en un vaso sobre un buen trozo de hielo, y acabe de llenarlo con cerveza de primera. Decore con una rodaja de lima.

SERVIR EN:
VASO LARGO O CORTO

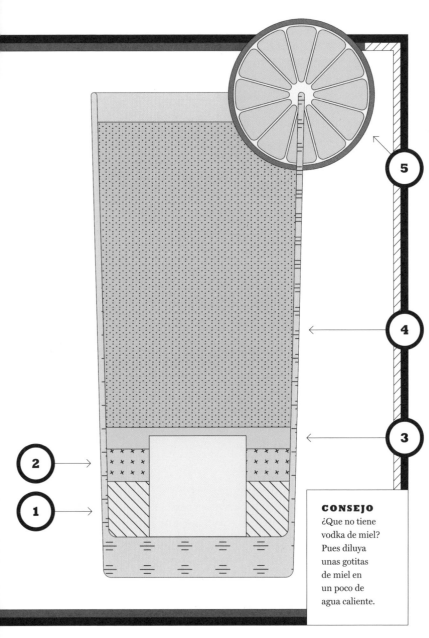

# LOS CLÁSICOS MODERNOS

REFINADOS PERO RABIOSAMENTE ACTUALES:
CON ESTOS CÓCTELES PRESUMIRÁ DE QUE
COMBINA CON DESTREZA INGREDIENTES
EXÓTICOS, COMO EL LIMÓN TOSTADO
O EL SIROPE DE AGUJAS DE PINO,
Y CREA RECETAS CON TODO EL VIGOR
DE LA GRANADA.

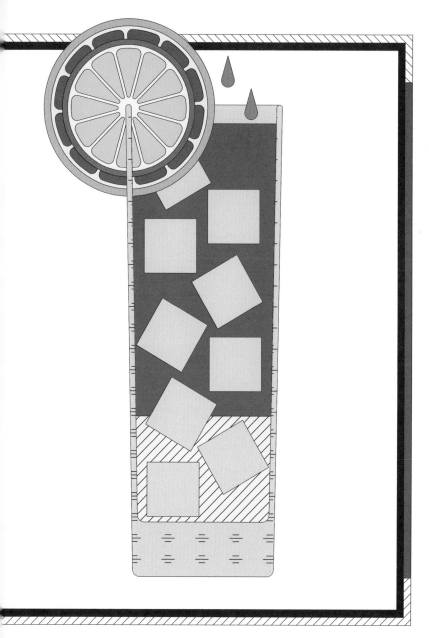

# SOUR DE GRANADA

La granada es un básico que aporta rotundidad y un punto de acidez natural a esta aromática y sabrosa receta. Con vodka de vainilla y zumo de granada a partes iguales, añadiendo zumo de limón y unas gotas de sirope de jengibre, obtendrá la bebida perfecta para los fanáticos de la fruta.

## INGREDIENTES

| | | |
|---|---|---|
| **1** | vodka de vainilla | 30 ml |
| **2** | zumo de granada | 30 ml |
| **3** | zumo de lima, recién exprimido | 15 ml |
| **4** | sirope de jengibre (página 40) | 15 ml |
| **5** | semillas de granada | para decorar |

**UTENSILIOS** Coctelera, colador

**ELABORACIÓN** Agite vigorosamente los ingredientes líquidos con hielo hasta formar un granizado uniforme y cuele la mezcla en una copa. Decore con semillas de granada.

SERVIR EN:
COPA MARTINI
O POMPADOUR

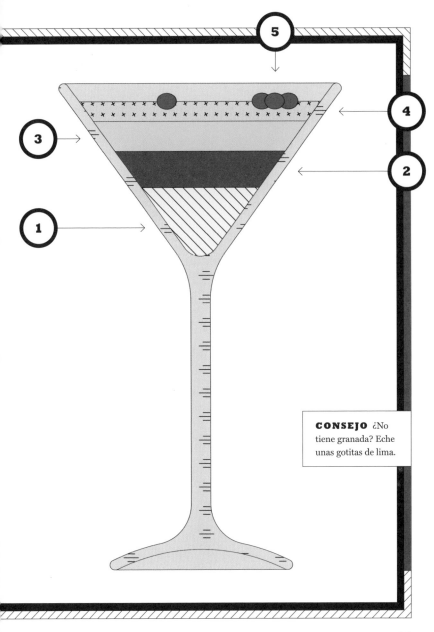

**CONSEJO** ¿No tiene granada? Eche unas gotitas de lima.

# LIMONADA TOSTADA

Esta bebida ahumada con miel y cítricos es, sin lugar a dudas, un auténtico placer. Utilice un vodka de primera o un vodka de limón o mandarina, sirope de miel y los limones más frescos y jugosos que encuentre.

## INGREDIENTES

| | | |
|---|---|---|
| **1** | limones | 2-3 |
| **2** | vodka de primera | 30 ml |
| **3** | sirope de miel (página 40) | 30 ml |
| **4** | soda fría | para llenar |
| **5** | ramita de tomillo | para decorar |
| **6** | rodajas de limón | para decorar |

**UTENSILIOS** Vaso mezclador, parrilla

**ELABORACIÓN** Parta los limones por la mitad y póngalos en una parrilla caliente con la pulpa hacia abajo durante menos de un minuto (hasta que se marquen). Aparte, para decorar, dore un par de rodajas unos 20 segundos. Exprima las mitades de limón y añada al vaso mezclador con hielo 30 ml del zumo más el vodka y el sirope de miel. Remueva hasta que se forme condensación, páselo a un vaso y rellene con la soda. Decore con una ramita de tomillo y las rodajas de limón a la parrilla.

SERVIR EN:
VASO LARGO

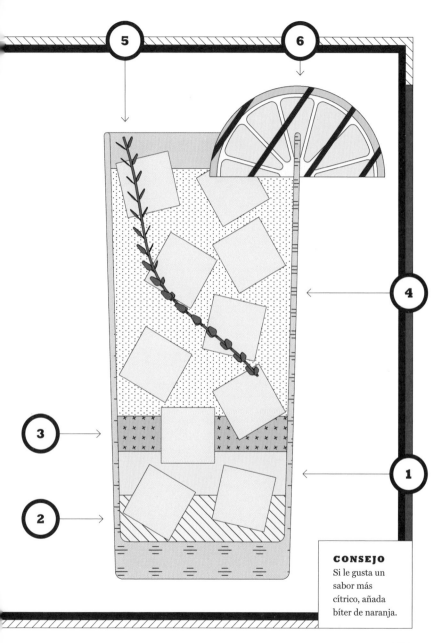

**CONSEJO**
Si le gusta un sabor más cítrico, añada bíter de naranja.

# PINE TIP SODA

Un combinado dulce de soda con aroma de madera de lo más delicioso. Prepare su propio sirope con brotes verdes de hojas de pino y obtenga este cóctel viril con esencia de montañero. El sirope de pino queda perfecto tal cual, pero si prefiere algo más sofisticado, siempre le puede añadir una rodajita de jengibre.

## INGREDIENTES

| | | |
|---|---|---|
| **1** | vodka de calidad | 60 ml |
| **2** | sirope de agujas de pino (página 39) | 30 ml |
| **3** | zumo de limón, recién exprimido | 15 ml |
| **4** | soda fría | para llenar |

**UTENSILIOS** Coctelera, colador

**ELABORACIÓN** Agite el vodka, el sirope y el zumo de limón con el hielo hasta que se forme condensación, y cuele la mezcla en una copa. Acabe de llenarla con soda.

SERVIR EN:
COPA
POMPADOUR

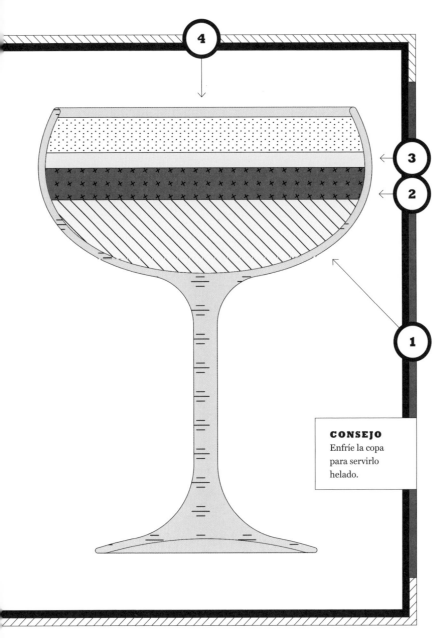

**CONSEJO**
Enfríe la copa
para servirlo
helado.

# SOUR DE CEREZA Y TOMILLO

Una bebida de color oscuro y sabor consistente con suave aroma de tomillo, aderezada con la acidez y el frescor de unas gotas de lima recién exprimida. Decore con el bíter de Angostura al final, atravesando la espuma rosada.

## INGREDIENTES

| | | |
|---|---|---|
| **1** | vodka de bayas | 60 ml |
| **2** | licor triple seco | 30 ml |
| **3** | zumo de lima, recién exprimido | 30 ml |
| **4** | sirope de cereza y tomillo (página 38) | 120 ml |
| **5** | clara de huevo (o aquafaba) | 1 (o 1 cucharada) |
| **6** | una ramita de tomillo | para decorar |
| **7** | bíter de Angostura | unas gotas |

**UTENSILIOS** Coctelera, colador

**ELABORACIÓN** Agite vigorosamente con hielo el vodka, el triple seco, el zumo de lima, el sirope y la clara de huevo. Cuele en una copa, decore con el tomillo y añada un par de gotas de bíter de Angostura.

SERVIR EN:
COPA
POMPADOUR

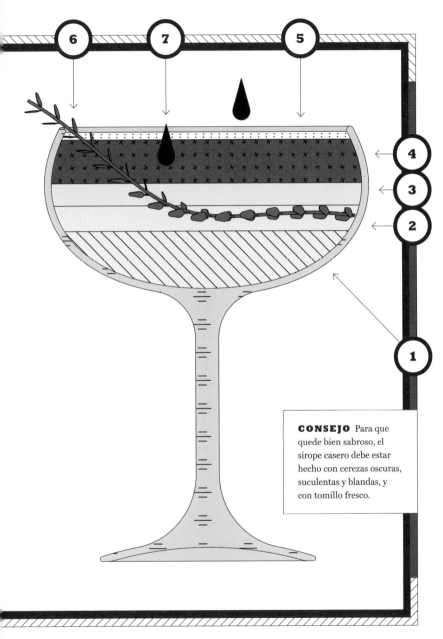

**CONSEJO** Para que quede bien sabroso, el sirope casero debe estar hecho con cerezas oscuras, suculentas y blandas, y con tomillo fresco.

# BLOODY SCREWDRIVER

Este cóctel de vodka es un clásico actualizado con naranja sanguina (en lugar de normal) para darle un tono rosado oscuro. ¿Se le ocurre mejor manera de tomar su dosis diaria de vitamina C?

## INGREDIENTES

| | | |
|---|---|---|
| **1** | vodka de primera | 60 ml |
| **2** | zumo de naranja sanguina, recién exprimido | para llenar |
| **3** | rodajas de lima y de naranja sanguina | para decorar |
| **4** | bíter de limón | 2 gotas |

**ELABORACIÓN** Vierta en un vaso con hielo el vodka y el zumo y remueva. Añada las rodajas de cítricos como decoración y remate con las gotas de bíter.

SERVIR EN:
VASO LARGO O CORTO

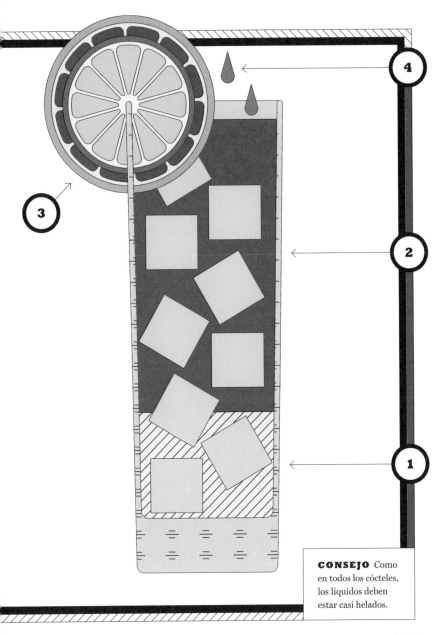

**CONSEJO** Como
en todos los cócteles,
los líquidos deben
estar casi helados.

# POWER SHOT

Es la bebida perfecta para tomar por la noche antes de salir de fiesta. Esta pequeña dinamita engaña con su dulzor: fresca pero punzante, deja un regusto picante y especiado. También funciona como curalotodo milagroso a la mañana siguiente.

## INGREDIENTES

| | | |
|---|---|---|
| **1** | zumo de jengibre, recién licuado | 15 ml |
| **2** | vodka de calidad | 60 ml |
| **3** | zumo de manzana, recién licuado | 30 ml |
| **4** | mezcla sour básica (página 41) | 15 ml |
| **5** | sirope al chile (página 40) | unas gotas |
| **6** | una rodaja de jengibre | para decorar |

**UTENSILIOS** Licuadora, coctelera, colador

**ELABORACIÓN** Agite los ingredientes líquidos en la coctelera con hielo. Añada más sirope, al gusto. Cuele en una copa y decore con una rodaja de jengibre fresco.

SERVIR EN:
COPA
POMPADOUR

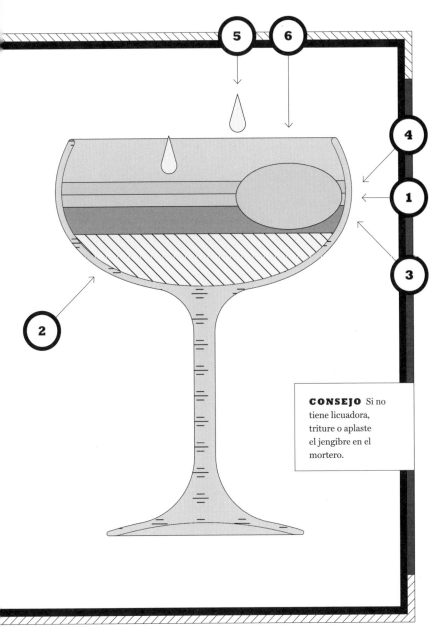

CONSEJO Si no tiene licuadora, triture o aplaste el jengibre en el mortero.

# ÍNDICE

# ACERCA DE
# DAN JONES

Es uno de los creadores de cócteles más prolíficos del mundo, además de escritor y editor. Vive en Londres y es autor *Gin: Mezclar, agitar, remover*, *Ron: Mezclar, agitar, remover* y *Tequila: Mezclar, agitar, remover*, además de *Manual de coctelería* y *The Big Book of Gin*. Se define como una persona hogareña y conoce bien el arte de preparar bebidas en casa, donde le encanta recibir a los amigos. Allí es donde constantemente estudia técnicas de coctelería y prueba nuevas recetas.